초등 영문법과 리딩의 연결 고리를 단단하게!

바빠 초등

영문법 써먹는 리딩 ①

Reading
with grammar

KB213772

이지스에듀

지은이 | 3E 영어 연구소, 김현숙

3E 영어 연구소는 Effective Educational Experiences의 약자로, 단순히 지식을 전달하는 것에 그치지 않고, 학습자가 지식을 흡수하는 과정까지 고려해 가장 효율적인 영어 학습 경험을 제공하기 위해 연구하는 이지스에듀 부설 연구소이다.

김현숙 선생님은 영어교육 석사 학위를 받고, 캐나다에서 TEFL 과정, 미국에서 TESOL 과정을 수료한 후, 10여 년 동안 NE능률과 동아출판사에서 영어 교재를 기획, 개발한 영어 학습 전문가이다. 《리스닝튜터》, 《1316 독해》, 《리딩엑스퍼트》, 《빠른 독해 바른 독해》 등의 초·중등 교재뿐 아니라, 고등 영어 교과서 개발에도 참여해, 최근 입시 영어 경향까지 잘 이해하고 있다.

현재 초등학생을 위한 파닉스, 독해, 문법 강의를 하고 있고, 그동안의 영어 교재 개발과 강의 경험을 집대성해 이지스에듀에서 《바빠 초등 영어 리딩》 시리즈를 집필하였다.

· 인스타그램 @luckyjunet

감수 | Michael A. Putlack

미국의 명문 대학인 Tufts University에서 역사학 석사 학위를 받은 뒤 우리나라의 동양미래대학에서 20년 넘게 한국 학생들을 가르쳤다. 폭넓은 교육 경험을 기반으로 여러 권의 어린이 영어 교재를 집필했을 뿐만 아니라 《영어동화 100편》 시리즈, 《7살 첫 영어 - 파닉스》, 《바빠 초등 필수 영단어》 등의 영어 교재 감수에 참여해 오고 있다.

초등 영문법과 리딩의 연결 고리를 단단하게!

바빠 초등 영문법 써먹는 리딩 ❶ – AR 2.5 / Words 60~80

초판 1쇄 인쇄 2025년 3월 25일
초판 1쇄 발행 2025년 3월 31일
지은이 3E 영어 연구소, 김현숙
발행인 이지연
펴낸곳 이지스퍼블리싱(주)   제조국명 대한민국
출판사 등록번호 제313-2010-123호
주소 서울시 마포구 잔다리로 109 이지스 빌딩 5층 (우편번호 04003)
대표전화 02-325-1722   팩스 02-326-1723
이지스퍼블리싱 홈페이지 www.easyspub.com   이지스에듀 카페 www.easysedu.co.kr
바빠 아지트 블로그 blog.naver.com/easyspub   인스타그램 @easys_edu
페이스북 www.facebook.com/easyspub2014   이메일 service@easyspub.co.kr

기획 및 책임 편집 이지혜 | 정지연, 박지연, 김현주, 정지희   표지 및 내지 디자인 김세리   조판 김혜수
인쇄 미래피앤피   독자 지원 박애림, 김수경   영업 및 문의 이주동, 김요한(support@easyspub.co.kr)
마케팅 라혜주

ISBN 979-11-6303-684-5
ISBN 979-11-6303-686-9 (세트)
가격 14,000원

• **이지스에듀**는 이지스퍼블리싱(주)의 교육 브랜드입니다.
(이지스에듀는 학생들을 탈락시키지 않고 모두 목적지까지 데려가는 책을 만듭니다!)

 추천의 글

> 66
> # 펑펑 쏟아져야 눈이 쌓이듯,
> # 공부도 집중해야 실력이 쌓인다.
> 99

학교 선생님부터 영어 전문 명강사까지
적극 추천한 '바빠 초등 영문법 써먹는 리딩'

리딩 실력의 든든한 동반자는 문법!

이 책은 초등 영문법과 리딩의 연결 고리를 제시하며, 영어 학습의 핵심을 꿰뚫고 있네요. 단순히 암기에 그치지 않고, **문법을 통해 문맥과 문장을 정확히 이해하도록 구성되어 있어 리딩 실력을 체계적으로 쌓아나갈 수 있는 든든한 동반자가 될 수 있겠어요.**

서지예 선생님
부산 공립중학교 영어 교사

문법의 쓸모를 알면 영어 실력이 탄탄!

이 책은 **문법과 리딩을 조화롭게 결합하여 문법의 쓰임을 알게 하네요.** 동시에 초등 교과서 연계 주제에서 뽑은 흥미로운 이야기들이 영어 독해 실력을 높이는 데 큰 도움이 되겠어요. 지문에 나오는 영어 문장을 직접 써 보면서 익히는 방법도 매우 좋네요.

한동오 원장님
바빠 스마트 클래스 대표 원장, 베스트셀러 저자

문법적 요소를 통해
리딩의 스킬을 높일 수 있는 책!

글을 읽기 전에 미리 문법을 간략히 학습함으로써 조금 더 쉽게 문장을 이해할 수 있고, 글을 읽은 후에 문제를 풀어보고 직접 문장을 써 보면서 **영어 리딩에 대한 이해도를 체계적으로 향상시킬 수 있겠어요.**

어션 선생님
기초 영어 강사, '어션영어 BasicEnglish' 유튜브 운영자

리딩 체감 난이도가 낮아지는 책!

독해 지문의 해석이 매끄럽지 않은 경우엔 문법 포인트를 빠뜨리지 않았는지 짚어봐야 하죠. 이 책은 **초등 기초 영문법 설명을 지문과 함께 제시함으로써 리딩에 대한 아이들의 체감 난이도를 낮춰줄 수 있겠어요.**

이은지 선생님
前 (주)탑클래스에듀아이 영어 강사

영문법을 적용하니
리딩이 술술 되는 놀라운 책!

문법을 알면 문장이 제대로 보여요!

리딩이 어려우면 단어 실력이 부족해서라고 생각하기 쉽습니다. 하지만 리딩은 단어만 안다고 해결되지 않습니다. 원어민이 아니기 때문에 이상한 번역기처럼 엉뚱하게 해석할 수 있거든요. 단순히 단어 뜻을 나열하는 리딩이 아닌 **문법을 통해 정확한 문장과 문맥을 파악해야 제대로 읽을 수 있습니다.**
이 책은 초등 수준의 영문법을 활용해 체계적인 리딩 학습을 할 수 있도록 만들어졌습니다. 유닛마다 리딩에 필요한 영문법을 세분화하였고, 문법 따로 독해 따로 공부하는 게 아닌 학습 문법을 독해에 바로 적용합니다. 그래서 지문과 문제를 통해 스스로 제대로 이해했는지 누구나 어렵지 않게 확인할 수 있습니다.

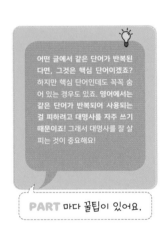

리딩이 쉬워지는 꿀팁이 한가득

중·고등학교 시험과 수능까지도 바라본다면, 초등학생 때부터 리딩이 쉬워지는 꿀팁을 익혀놓으면 유리합니다. 요령 없이 무턱대고 풀었다가는, 시간 부족으로 시험을 제대로 마치기도 어려워지기 때문입니다. 이 책은 리딩이 쉬워지는 꿀팁이 한가득 있습니다. 꿀팁을 통해 중요한 부분(중심 문장)과 덜 중요한 부분(뒷받침 문장)을 구분해 읽는 법과 정확한 근거를 가지고 정답을 고르는 법을 익힐 수 있습니다.

어떤 글에서 같은 단어가 반복된다면, 그것은 핵심 단어이겠죠? 하지만 핵심 단어인데도 꼭꼭 숨어 있는 경우도 있죠. 영어에서는 같은 단어가 반복되어 사용되는 걸 피하려고 대명사를 자주 쓰기 때문이죠! 그래서 대명사를 잘 살피는 것이 중요해요!

PART 마다 꿀팁이 있어요.

10가지 문제 유형 학습 제공

특히 고득점을 노리는 친구라면 유형 분석은 필수입니다. 이 책은 시험의 대표 유형인 '주제 찾기'부터 '순서 파악'까지 10가지를 제공해, 유형별로 어떤 풀이 방식이 적합하며 어떻게 접근해야 하는지를 정리했습니다.

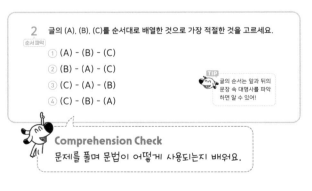

2
순서 파악
글의 (A), (B), (C)를 순서대로 배열한 것으로 가장 적절한 것을 고르세요.
① (A) - (B) - (C)
② (B) - (A) - (C)
③ (C) - (A) - (B)
④ (C) - (B) - (A)

TIP 글의 순서는 앞과 뒤의 문장 속 대명사를 파악하면 알 수 있어!

Comprehension Check
문제를 풀며 문법이 어떻게 사용되는지 배워요.

교과 공부도 저절로 되는 풍부한 비문학 지문들

사회, 과학, 문학, 언어, 예술 등 초등 교과서 연계 주제와 학교 공부에 필요한 배경지식이 담긴 지문들로 구성했습니다. 지문만 읽어도 저절로 교과 학습도 함께 이뤄질 수 있습니다.

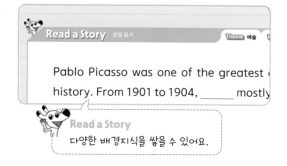

쓸 수 있으면 정확히 이해한 거죠!

눈으로만 읽고 끝낸다면, 지문을 온전히 다 이해했다고 보기 힘들 것입니다. 하나를 읽더라도 제대로 읽고 오래 기억할 수 있도록 이 책은 지문을 읽고 문제를 푼 후, 다시 우리말에 맞게 영어 문장을 쓰도록 구성되어 있습니다. 내가 직접 문장을 쓸 수 있다면 그 문장을 정확히 이해한 것이죠!

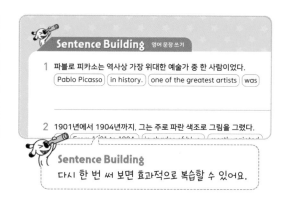

망각이 일어나기 전에 복습 설계

독일 출신 심리학자인 에빙하우스의 망각 이론에 따르면, 방금 본 단어도 외운 지 10분부터 망각이 일어나서 1일 후에 70% 이상이 사라진다고 합니다. 모든 공부는 한 번에 이뤄지지 않습니다. 탄탄한 리딩 실력을 기르기 위해서는 꼭 복습이 이뤄져야 합니다. 이 교재의 학습이 끝난 후 '바빠 공부단 카페'의 바빠 자료실에서 받아쓰기 PDF로 복습할 수 있습니다. PDF 학습자료까지 끝내고 나면 단어와 문장이 저절로 장기기억으로 넘어가 오래 기억할 수 있을 거예요!

TIP

'오늘부터 한 달 동안 이 책 한 권을 다 풀 거야!'라고 공개적으로 약속하면 끝까지 풀 확률이 높아진대요! 결심과 함께 책 사진을 찍어 친구나 부모님께 공유해 보세요!

이 책을 효율적으로 보는 방법

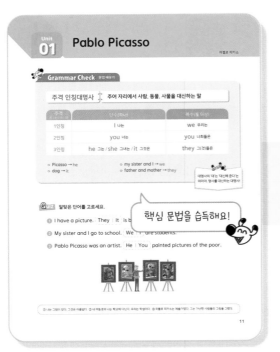

1단계 문법 배우기

유닛의 핵심 문법을 익히고
퀴즈로 확인해 보세요.

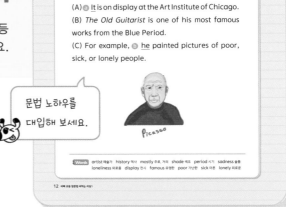

2단계 지문 읽기

학교 공부에 필요한 다양한 배경지식 등
흥미진진한 지문을 읽어요.

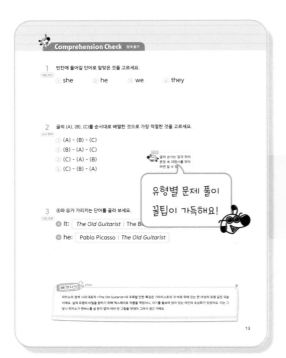

3단계 문제 풀기

다양한 유형별 문제를 풀어요.
문제를 풀다 보면 지문이 더 깊게 이해될 거예요.

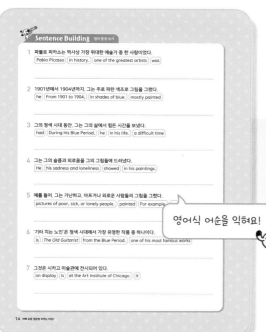

Sentence Building 영어 문장 쓰기

1 파블로 피카소는 역사상 가장 위대한 예술가 중 한 사람이었다.
[Pablo Picasso,] [in history.] [one of the greatest artists] [was]

2 1901년에서 1904년까지, 그는 주로 파란 색조로 그림을 그렸다.
[he] [From 1901 to 1904,] [in shades of blue.] [mostly painted]

3 그의 청색 시대 동안, 그는 그의 삶에서 힘든 시간을 보냈다.
[had] [During his Blue Period,] [he] [in his life.] [a difficult time]

4 그는 그의 슬픔과 외로움을 그의 그림에 드러냈다.
[He] [his sadness and loneliness] [showed] [in his paintings.]

5 예를 들어, 그는 가난하고, 아프거나 외로운 사람들의 그림을 그렸다.
[pictures of poor, sick, or lonely people.] [painted] [For example,]

6 '기타 치는 노인'은 청색 시대에서 가장 유명한 작품 중 하나이다.
[is] [The Old Guitarist] [from the Blue Period.] [one of his most famous works]

7 그것은 시카고 미술관에 전시되어 있다.
[on display] [is] [at the Art Institute of Chicago.] [It]

영어식 어순을 익혀요!

4단계 · 영어 문장 쓰기

우리말에 알맞게 영작을 연습해요.
주어와 동사뿐만 아니라 목적어, 보어 등
문법적 쓰임이 더 잘 파악될 거예요.

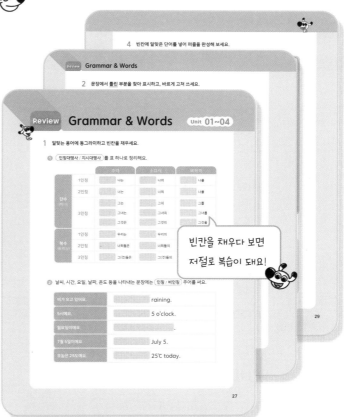

4 빈칸에 알맞은 단어를 넣어 퍼즐을 완성해 보세요.

Review **Grammar & Words**

2 문장에서 틀린 부분을 찾아 표시하고, 바르게 고쳐 쓰세요.

Review **Grammar & Words** Unit 01~04

1 알맞은 용어에 동그라미하고 빈칸을 채우세요.

① 인칭대명사 / 지시대명사 를 표 하나로 정리해요.

빈칸을 채우다 보면
저절로 복습이 돼요!

② 날씨, 시간, 요일, 날짜, 온도 등을 나타내는 문장에는 인칭 / 비인칭 주어를 써요.

비가 오고 있어요.	raining.
5시예요.	5 o'clock.
월요일이예요.	.
7월 5일이에요.	July 5.
오늘은 25도예요.	25℃ today.

5단계 · 복습하기

네 개의 유닛마다 문법과 단어를
문제 풀이로 총정리해요!

원어민의 발음을 꼭 듣자!

QR코드를 이용해 지문을 여러 번 듣고 따라 하세요.
스마트폰에 QR코드 앱이 설치되어 있어야 합니다.
'바빠 공부단 카페'에서 MP3를 다운로드할 수도 있습니다.

🎧 원어민 발음 음원 다운로드

'바빠 공부단 카페'의 바빠 자료실에서
〈바빠 초등 영문법 써먹는 리딩〉을
검색하세요!

바빠 공부단 카페 www.easysedu.co.kr

[바빠 공부단] [검색]

Contents

바빠 초등 영문법 써먹는 리딩 ① – AR 2.5 / Words 60~80

바빠 초등 영문법 써먹는 리딩 시리즈 📚

≪바빠 초등 영문법 써먹는 리딩≫은 AR 지수로 수준을 나눠 총 3권으로 구성했습니다!

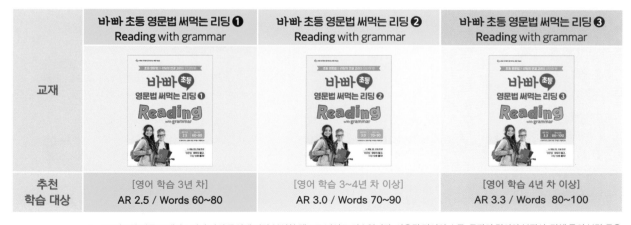

	바빠 초등 영문법 써먹는 리딩 ❶ Reading with grammar	바빠 초등 영문법 써먹는 리딩 ❷ Reading with grammar	바빠 초등 영문법 써먹는 리딩 ❸ Reading with grammar
교재			
추천 학습 대상	[영어 학습 3년 차] AR 2.5 / Words 60~80	[영어 학습 3~4년 차 이상] AR 3.0 / Words 70~90	[영어 학습 4년 차 이상] AR 3.3 / Words 80~100

🐾 AR 지수란 미국 르네상스러닝 사의 공식에 따라 분석한 텍스트 난이도 지수입니다. 사용된 단어의 수준, 문장의 길이와 복잡성, 전체 글의 분량 등을 바탕으로 매깁니다. AR 지수는 미국의 학년과 연계되어, AR 2.5라면 미국 초등학교의 평균적인 2학년 5개월 정도된 학생이 읽는 난이도입니다.

PART 1

대명사에 집중해서 읽기 1

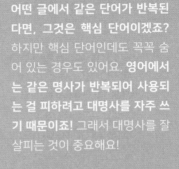

어떤 글에서 같은 단어가 반복된다면, 그것은 핵심 단어이겠죠? 하지만 핵심 단어인데도 꼭꼭 숨어 있는 경우도 있어요. **영어에서는 같은 명사가 반복되어 사용되는 걸 피하려고 대명사를 자주 쓰기 때문이죠!** 그래서 대명사를 잘 살피는 것이 중요해요!

Pablo Picasso

파블로 피카소

Grammar Check 문법 배우기

| 주격 인칭대명사 | 주어 자리에서 사람, 동물, 사물을 대신하는 말 |

주격 은 / 는 / 이 / 가	단수(하나)	복수(둘 이상)
1인칭	I 나는	we 우리는
2인칭	you 너는	you 너희들은
3인칭	he 그는 / she 그녀는 / it 그것은	they 그(것)들은

○ Picasso → he
○ dog → it

○ my sister and I → we
○ father and mother → they

대명사의 '대'는 '대신해 준다'는 의미야. 명사를 대신하는 대명사!

Quiz 알맞은 단어를 고르세요.

❶ I have a picture. [They | It] is beautiful.

❷ My sister and I go to school. [We | I] are students.

❸ Pablo Picasso was an artist. [He | You] painted pictures of the poor.

① 나는 그림이 있다. 그것은 아름답다. ② 내 여동생과 나는 학교에 다닌다. 우리는 학생이다. ③ 파블로 피카소는 예술가였다. 그는 가난한 사람들의 그림을 그렸다.

Pablo Picasso was one of the greatest artists in history. From 1901 to 1904, _____ mostly painted in shades of blue.

During his Blue Period, he had a difficult time in his life. He showed his sadness and loneliness in his paintings.

(A) ⓐ It is on display at the Art Institute of Chicago.

(B) *The Old Guitarist* is one of his most famous works from the Blue Period.

(C) For example, ⓑ he painted pictures of poor, sick, or lonely people.

Picasso

Words artist 예술가　history 역사　mostly 주로, 거의　shade 색조　period 시기　sadness 슬픔
loneliness 외로움　display 전시　famous 유명한　poor 가난한　sick 아픈　lonely 외로운

1 빈칸에 들어갈 단어로 알맞은 것을 고르세요.
어법 판단

① she   ② he   ③ we   ④ they

2 글의 (A), (B), (C)를 순서대로 배열한 것으로 가장 적절한 것을 고르세요.
순서 파악

① (A) – (B) – (C)

② (B) – (A) – (C)

③ (C) – (A) – (B)

④ (C) – (B) – (A)

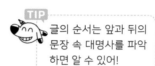

글의 순서는 앞과 뒤의 문장 속 대명사를 파악하면 알 수 있어!

3 ⓐ와 ⓑ가 가리키는 단어를 골라 보세요.
지칭 추론

ⓐ It: *The Old Guitarist* | The Blue Period

ⓑ he: Pablo Picasso | *The Old Guitarist*

 plus

피카소의 청색 시대 대표작 <The Old Guitarist>의 주목할 만한 특징은 기타리스트의 귀 바로 위에 있는 한 여성의 유령 같은 모습이에요. 실제 유령의 비밀을 밝히기 위해 엑스레이로 작품을 찍었더니, 아기를 돌보며 앉아 있는 여인의 초상화가 있었어요. 이는 그 당시 피카소가 캔버스를 살 돈이 없어 여러 번 그림을 덧대어 그려서 생긴 거예요.

1 파블로 피카소는 역사상 가장 위대한 예술가 중 한 사람이었다.

(Pablo Picasso) (in history.) (one of the greatest artists) (was)

_____

2 1901년에서 1904년까지, 그는 주로 파란 색조로 그림을 그렸다.

(he) (From 1901 to 1904,) (in shades of blue.) (mostly painted)

_____

3 그의 청색 시대 동안, 그는 그의 삶에서 힘든 시간을 보냈다.

(had) (During his Blue Period,) (he) (in his life.) (a difficult time)

_____

4 그는 그의 슬픔과 외로움을 그의 그림들에 드러냈다.

(He) (his sadness and loneliness) (showed) (in his paintings.)

_____

5 예를 들어, 그는 가난하고, 아프거나 외로운 사람들의 그림을 그렸다.

(pictures of poor, sick, or lonely people.) (painted) (For example,) (he)

_____

6 '기타 치는 노인'은 청색 시대에서 가장 유명한 작품 중 하나이다.

(is) (*The Old Guitarist*) (from the Blue Period.) (one of his most famous works)

_____

7 그것은 시카고 미술관에 전시되어 있다.

(on display) (is) (at the Art Institute of Chicago.) (It)

_____

Green Minutes

녹색(환경을 생각하는) 순간

 Grammar Check 문법 배우기

비인칭 주어 it	날씨, 시간, 요일, 날짜, 온도, 계절, 명암 등을 나타내기 위해 주어로 쓰고, 해석하지 않아요.

비인칭주어 it	예문
날씨	It is raining. 비가 오고 있어요.
시간	It is 5 o'clock. 5시예요.
요일	It is Monday. 월요일이에요.
날짜	It is July 5th. 7월 5일이에요.
온도	It is 25℃ today. 오늘은 25도예요.
계절	It is summer now. 지금은 여름이에요.

○ **주격 인칭대명사 it과 구분하는 법**
날씨, 시간, 요일, 날짜, 온도, 계절, 명암 등을 나타내는지 꼭 확인!
ex It is a dog. 그건 개예요. (비인칭주어 ×, 주격 인칭대명사 ○)

○ **It is의 줄임말은 It's예요.**

'비인칭'의 '비'는 아닐 비(非)야.
비매너가 매너가 아니라는 뜻인
것처럼, 비인칭 주어는 인칭이
아니라는 뜻이야.

Quiz 영어 문장을 알맞은 뜻과 연결하세요.

❶ It is already four o'clock. ·   · ⓐ 목요일이에요.

❷ It is a beautiful day. ·   · ⓑ 아주 더워요.

❸ It's very hot. ·   · ⓒ 아름다운 날이에요.

❹ It's Thursday. ·   · ⓓ 벌써 4시예요.

ⓐ There's | It's   August 22nd today, and ⓑ it's | there's   9 o'clock in the evening.

Now, I turn off all the lights in my house for five minutes. Every August 22nd, people join this campaign.

You can save energy and have a special family time by using cute candles! You'll enjoy a cozy atmosphere and learn the importance of electricity at the same time. _____ doesn't have to be August 22nd.

You can try "green minutes" any time!

22nd는 twenty-second라고 읽어요.

Words   turn off 끄다   light 불   save 아끼다   special 특별한   candle 초   atmosphere 분위기
importance 중요성   electricity 전기   at the same time 동시에

Comprehension Check 문제 풀기

1
어법 판단

어법상 글의 ⓐ와 ⓑ에 들어갈 말로 알맞은 것을 고르세요.

ⓐ There's | It's

ⓑ it's | there's

2
어법 판단

빈칸에 들어갈 단어로 가장 알맞은 것을 고르세요.

① There ② It ③ We ④ They

3
내용 확인

green minutes에 대한 설명으로 알맞지 <u>않은</u> 것을 고르세요.

① 집에서 5분 동안 불을 끄는 캠페인이다.

② 매년 8월 22일마다 한다.

③ 전기의 중요성을 느낄 수 있다.

④ 8월 22일이 아니면 할 수 없다.

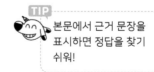
본문에서 근거 문장을 표시하면 정답을 찾기 쉬워!

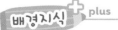 plus

에너지의 날

8월 22일은 에너지의 날이에요. 그런데 8월 22일이 에너지의 날로 지정된 이유는 무엇일까요? 2003년 8월 22일은 대한민국 역사상 가장 많은 47,385MW의 전력을 소비한 날이에요. 이를 계기로 기후 위기에 대응하는 에너지 절약 실천과 신재생에너지 개발 및 확대 보급의 절실함을 알리기 위해 8월 22일을 '에너지의 날'로 지정해 매년 캠페인을 진행하고 있어요.

1 오늘은 8월 22일이고, 지금은 저녁 9시이다.

it's | It's | and | August 22nd today, | in the evening. | 9 o'clock

_____

2 이제, 나는 5분 동안 집 안의 모든 불을 끈다.

turn off | Now, | in my house | I | for five minutes. | all the lights

_____

3 매년 8월 22일, 사람들은 이 캠페인에 참여한다.

people | Every August 22nd, | this campaign. | join

_____

4 너는 에너지를 아낄 수 있고, 귀여운 초를 사용해 가족과 특별한 시간을 보낼 수 있다!

have a special family time | can save energy | and | You | by using cute candles!

_____

5 너는 아늑한 분위기를 즐기며 전기의 중요성을 배울 것이다.

a cozy atmosphere | You'll | enjoy | and | learn the importance of electricity.

_____

6 8월 22일이어야 할 필요는 없다.

doesn't have to be | It | August 22nd.

_____

7 너는 언제나 '초록(환경을 생각하는) 순간'을 시도할 수 있다!

can try | You | any time! | "green minutes"

_____

Ruth Wakefield's Cookies

루스 웨이크필드의 쿠키

Grammar Check 문법 배우기

목적격 인칭대명사	목적어 자리에서 사람, 동물, 사물을 대신하는 말

목적격 을 / 를 / 에게	단수(하나)	복수(둘 이상)
1인칭	me 나를	us 우리를
2인칭	you 너를	you 너희들을
3인칭	him 그를 / her 그녀를 / it 그것을	them 그(것)들을

- boy → him
- dog → it
- you and I → us
- father and mother→ them

Quiz 알맞은 단어를 고르세요.

1 She cut some chocolate and added (it | them) to the dough.

2 There were chocolate chip cookies, and the guests loved (it | them).

① 그녀는 초콜릿을 잘라 반죽에 넣었다. ② 초코칩 쿠키들이 있었고, 손님들은 그것들을 좋아했다.

Ruth Wakefield and her husband ran an inn in Massachusetts. She often made cookies for her guests. She usually used baker's chocolate, but one day, she ran out of ⓐ [it | them] . Instead, she cut a chocolate bar into small pieces and added ⓑ [it | them] to the dough. But _____, and the pieces stayed in chunks! They were the very first chocolate chip cookies, and the guests loved them so much. Accidents can sometimes turn into sweet success!

Words husband 남편 run 운영하다 inn 숙소 guest 손님 baker 제빵사 run out of 다 써버리다
add 추가하다 dough 반죽 stay 남다 chunk 덩어리 accident 사고 success 성공

Comprehension Check 문제 풀기

1 글의 제목으로 가장 알맞은 것을 고르세요.
제목 파악

① 루스 웨이크필드의 생애
② 루스 웨이크필드의 숙소
③ 초코칩 쿠키의 탄생
④ 맛있는 초코칩 쿠키 만드는 법

2 글의 ⓐ와 ⓑ에 들어갈 말로 알맞은 것을 고르세요.
어법 판단

ⓐ it | them

ⓑ it | them

3 빈칸에 들어갈 말로 알맞은 것을 고르세요.
빈칸 추론

① the dough went bad
② the pieces all melted
③ the chocolate didn't melt
④ the dough became brown

 plus

루스 웨이크필드(Ruth Wakefield, 1903년 6월 17일~1977년 1월 10일)는 미국의 셰프로, 제과 분야에서 혁신가로 유명해요. 그녀는 세계 최초로 초코칩 쿠키 레시피를 개발했어요.

1 루스 웨이크필드와 그녀의 남편은 매사추세츠에서 숙소를 운영했다.

an inn | ran | Ruth Wakefield and her husband | in Massachusetts.

_____

2 그녀는 종종 그녀의 손님들을 위해 쿠키를 만들었다.

often made | She | cookies for her guests.

_____

3 그녀는 보통 제빵용 초콜릿을 사용했는데, 그러나 어느 날 그녀는 초콜릿이 다 떨어졌다.

ran out of it. | She | baker's chocolate, | but one day, | usually used | she

_____

4 대신 그녀는 초콜릿 바 하나를 작은 조각들로 잘랐고, 그것들을 밀가루 반죽에 추가했다.

she | Instead, | into small pieces | cut a chocolate bar | to the dough. | and | added | them

_____

5 그러나 그 초콜릿은 녹지 않았고, 조각들은 덩어리로 남아 있었다!

didn't melt, | and | the pieces | But | in chunks! | the chocolate | stayed

_____

6 그것들은 바로 최초의 초코칩 쿠키였고, 손님들은 그것들을 아주 좋아했다.

the very first chocolate chip cookies, | They were | and | the guests | so much. | loved | them

_____

7 사고가 때론 달콤한 성공으로 바뀔 수 있다!

sweet success! | can sometimes turn into | Accidents

_____

Anne of Green Gables

빨간 머리 앤

Grammar Check 문법 배우기

소유격 인칭대명사	'나의', '너의', '그들의' 등의 소유를 나타내는 말

목적격의	단수(하나)	복수(둘 이상)
1인칭	my 나의	our 우리의
2인칭	your 너의	your 너희들의
3인칭	his 그의 / her 그녀의 / its 그것의	their 그(것)들의

- boy → his
- dog → its
- you and I → our
- father and mother → their

Quiz 알맞은 단어를 고르세요.

① She later becomes proud of her | his special hair.

② She daydreams a lot and often creates entire worlds in her | its mind.

① 그녀는 후에 그녀의 특별한 머리카락을 자랑스러워하게 된다. ② 그녀는 공상을 많이 하고, 종종 그녀의 마음속에 온 세계를 만든다.

Anne of Green Gables is a story about a girl, and
ⓐ her name is Anne Shirley. **ⓑ She** is an orphan
with bright red hair. At first, she feels _____
about her red hair. But she later becomes proud
of her special hair. She daydreams a lot and often
creates entire worlds in her mind. And she is very
talkative and expressive. Her speeches are full of
emotion and humor.

Pop Quiz

다 읽었나요? 그럼 소유격 인칭
대명사 her에 동그라미 표시
하고 몇 번 나왔는지 세어 보
세요.

Q her ➡ ___ 번

🔖 Words orphan 고아   bright 밝은   embarrassed 창피한   proud 자랑스러운   daydream 공상하다
create 만들다   talkative 수다스러운   expressive 표현력이 있는   speech 말

1 글의 제목으로 가장 알맞은 것을 고르세요.

제목 찾기

① 빨간 머리 앤의 가족

② 빨간 머리 앤의 배경

③ 빨간 머리 앤의 줄거리

④ 빨간 머리 앤의 성격

2 글의 ⓐ와 ⓑ가 가리키는 대상으로 알맞은 것을 고르세요.

어법 판단

ⓐ her: a story | a girl

ⓑ She: *Anne of Green Gables* | Anne Shirley

3 빈칸에 들어갈 말로 알맞은 것을 고르세요.

빈칸 추론

① embarrassed

② happy

③ pleased

④ satisfied

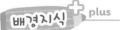 plus

배경지식

《Anne of Green Gables》는 원래 제목대로라면 '초록지붕 집의 앤'이라고 해석해야 하지요? 그런데 이 책은 우리나라로 넘어와 출간되면서 '빨간 머리 앤'이라고 이름이 붙여졌어요. 결론적으로 '초록지붕 집의 앤'보다 '빨간 머리 앤'이라고 바꾼 것이 이 책을 더 오래 사랑받도록 만들었지요.

1 《빨간 머리 앤》은 한 소녀에 대한 이야기인데, 그녀의 이름은 앤 셜리이다.

is a story about a girl, | Anne Shirley. | and her name | *Anne of Green Gables* | is

_____

2 그녀는 밝은 빨간 머리를 가진 고아이다.

is | She | with bright red hair. | an orphan

_____

3 처음에, 그녀는 그녀의 빨간 머리를 창피해한다.

embarrassed | At first, | feels | about her red hair. | she

_____

4 그러나 그녀는 후에 그녀의 특별한 머리카락을 자랑스러워하게 된다.

later becomes proud of | But | she | her special hair.

_____

5 그녀는 공상을 많이 하고, 종종 그녀의 마음속에 온 세계를 만든다.

and often creates | She | in her mind. | daydreams a lot | entire worlds

_____

6 그리고 그녀는 아주 수다스럽고 표현력이 뛰어나다.

And | is very talkative and expressive. | she

_____

7 그녀의 말은 풍부한 감정과 유머가 있다.

are | full of emotion and humor. | Her speeches

_____

1 알맞는 용어에 동그라미하고 빈칸을 채우세요.

1 (인칭대명사 / 지시대명사) 를 표 하나로 정리해요.

		주격	소유격	목적격
단수 (하나)	1인칭	나는	나의	나를
	2인칭	너는	너의	너를
	3인칭	그는	그의	그를
		그녀는	그녀의	그녀를
		그것은	그것의	그것을
복수 (둘 이상)	1인칭	우리는	우리의	우리를
	2인칭	너희들은	너희들의	너희들을
	3인칭	그(것)들은	그(것)들의	그(것)들을

2 날씨, 시간, 요일, 날짜, 온도 등을 나타내는 문장에는 (인칭 / 비인칭) 주어를 써요.

비가 오고 있어요.	raining.
5시예요.	5 o'clock.
월요일이에요.	.
7월 5일이에요.	July 5.
오늘은 25도예요.	25℃ today.

2 문장에서 <u>틀린</u> 부분을 찾아 표시하고, 바르게 고쳐 쓰세요.

① The guests loved their so much.
손님들은 그것들을 아주 좋아했다.

_____

② He showed his sadness in her paintings.
그는 그의 슬픔을 그의 그림들에 드러냈다.

_____

③ He later becomes proud of her special hair.
그녀는 후에 그녀의 특별한 머리카락을 자랑스러워하게 된다.

_____

④ I'm August 22nd today.
오늘은 8월 22일이다.

_____

3 우리말 뜻에 알맞은 단어를 고르세요.

① 전시 □ display □ electricity □ atmosphere

② 밝은 □ famous □ sick □ bright

③ 다 써버리다 □ run out of □ create □ save

④ 중요성 □ success □ importance □ accident

⑤ 운영하다 □ stay □ add □ run

⑥ 말 □ inn □ speech □ artist

4 빈칸에 알맞은 단어를 넣어 퍼즐을 완성해 보세요.

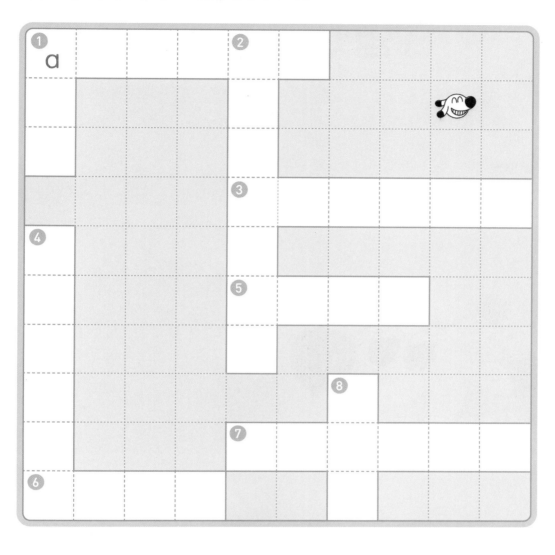

찾은 단어를
한 번 더 쓰세요!

→ Across 가로

① 예술가 ⇒

③ 만들다 ⇒

⑤ 아끼다 ⇒

⑥ 아픈 ⇒

⑦ 외로운 ⇒

↓ Down 세로

① 더하다 ⇒

② 성공 ⇒

④ 유명한 ⇒

⑧ 숙소 ⇒

PART 2

대명사에 집중해서 읽기 2

Role Models

롤 모델

Grammar Check 문법 배우기

지시대명사	'이 사람', '저 사람', '이것', '저것'과 같이 사람이나 사물을 가리키는 말

지시대명사		단수(하나)	복수(둘 이상)
거리	가까운 것	this 이것, 이 사람	these 이것들, 이 사람들
	멀리 있는 것	that 저것, 저 사람	those 저것들, 저 사람들

○ this, these, that, those 모두 명사 앞에 쓰여, 지시형용사로도 사용할 수 있어요.

ex this girl 이 소녀   these girls 이 소녀들
   that girl 저 소녀   those girls 저 소녀들

Quiz 알맞은 단어를 고르세요.

❶ I don't think (this | these) is a good idea.

❷ (This | These) books are about my role model.

❸ (That | Those) is Jane over there.

---

① 나는 이것이 좋은 생각이라고 생각하지 않는다. ② 이 책들은 내 롤 모델에 관한 것들이다. ③ 저기 있는 사람이 제인이다.

Some young kids say their role models are their favorite stars. I don't think ⓐ <u>this</u> is a good idea for them. Celebrities often show perfect images on social media.

But their personal lives can be very different. Celebrities might get into trouble or make big or serious mistakes. ⓑ <u>This</u> can confuse their young fans. They might not think it's wrong and could copy _____ behavior.

:Words favorite 가장 좋아하는   celebrity 유명인   perfect 완벽한   personal 개인의
trouble 문제   mistake 실수   confuse 혼란스럽게 하다   copy 따라하다   behavior 행동

Comprehension Check 문제 풀기

1 글의 내용과 일치하는 것을 고르세요.

[내용 확인]

① 유명인들은 바람직한 행동만 한다.

② 어른들은 가장 좋아하는 연예인을 롤 모델로 한다.

③ 유명인들의 사생활은 보여지는 것과 다를 수 있다.

④ 어린 아이들이 연예인을 롤 모델로 삼는 것은 좋다.

2 빈칸에 들어갈 말로 알맞은 것을 고르세요.

[빈칸 추론]

① bad

② kind

③ great

④ good

3 ⓐ와 ⓑ가 가리키는 문장에 밑줄을 긋고 해석을 써 보세요.

[지칭 추론]

ⓐ this: ＿＿＿＿＿＿＿＿＿＿＿＿＿＿＿＿＿＿＿＿

ⓑ This: ＿＿＿＿＿＿＿＿＿＿＿＿＿＿＿＿＿＿＿＿

this는 문장 전체를
지칭할 수도 있어!

 plus

롤 모델은 유년기 및 청소년기 아이들의 두뇌 발달에 큰 영향을 미쳐요. 연구에 따르면, 긍정적인 롤 모델은 인지, 감정 및 사회성 발달에 지대한 영향을 미칠 수 있대요.

1 몇몇 어린 아이들은 그들의 롤 모델이 그들이 가장 좋아하는 스타들이라고 말한다.

say | Some young kids | are their favorite stars. | their role models

_____

2 나는 이것이 그들을 위해 좋은 생각이라고 생각하지 않는다.

is a good idea | I don't think | this | for them.

_____

3 유명인들은 종종 소셜 미디어에서 완벽한 모습들을 보여 준다.

Celebrities | on social media. | perfect images | often show

_____

4 하지만 그들의 사생활은 아주 다를 수 있다.

their personal lives | But | very different. | can be

_____

5 유명인들은 문제가 생기거나 크거나 심각한 실수들을 할 수도 있다.

trouble | Celebrities | big or serious mistakes. | might get into | or make

_____

6 이것은 그들의 어린 팬들을 혼란스럽게 할 수 있다.

This | their young fans. | can confuse

_____

7 그들은 그것이 잘못된 것이라고 생각하지 않고 나쁜 행동을 따라할 수 있다.

might not think | wrong | They | and could copy | it's | bad behavior.

_____

Learning Style

Grammar Check 문법 배우기

부정대명사	특정한 사람이나 사물을 가리키지 않고 불특정하고 막연한 대상을 지칭하는 말

둘 중	one 하나는		the other 다른 하나는
셋 중	one 하나는	another 또 다른 하나는	the other 마지막 남은 하나는

○ one은 불특정한 것 '하나'를 가리키고, 불특정한 여러 개는 ones를 써요.
ex My shoes are old. I want new ones. 내 신발은 낡았다. 나는 새 신발을 갖고 싶다.

'부정'의 '부'는 '아닐 부(不)'야. 부정대명사는 정해지지 않은 대 명사라는 뜻이야.

Quiz 알맞은 단어를 고르세요.

❶ I have three pens: One | Some is red, another | the other is black, and other | the other is blue.

❷ One | Another of the twins is outgoing, and the other | another is shy.

① 나는 펜 세 자루를 가지고 있다. 하나는 빨간색이고, 또 다른 하나는 검은색, 마지막 하나는 파란색이다. ② 쌍둥이 중 한 명은 활발하고, 다른 한 명은 수줍음이 많다.

One person's learning style may not work for another. Let's say there are three siblings in one family. One prefers charts or diagrams. He likes to create mind maps and watch videos. ⓐ Other | Another learns better through discussions. She sometimes listens to lectures and podcasts. ⓑ Another | The other learns best through movement. She enjoys experiments and role-playing. But no one sticks to only one style. Often, learners combine different methods for better results.

Words learning style 학습 방법   work 작용하다   sibling 형제자매   prefer 선호하다   lecture 강의
experiment 실험   role-playing 역할 놀이   stick to 고수하다   combine 합치다
method 방법   better 더 나은   result 결과

1 글의 제목으로 가장 알맞은 것을 고르세요.
제목 파악

① 다양한 학습법

② 학습법의 역사

③ 학습 방해 요소

④ 특별한 학습법

2 어법상 글의 ⓐ와 ⓑ에 들어갈 말로 알맞은 것을 고르세요.
어법 판단

ⓐ Other | Another

ⓑ Another | The other

3 글의 내용과 일치하는 것을 고르세요.
내용 확인

① 사람들의 학습 방법은 모두 같다.

② 여러 학습 방법을 통합하기도 한다.

③ 영상을 보는 것은 학습 방법이 아니다.

④ 실험을 통해 학습하는 것이 최고이다.

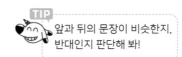 앞과 뒤의 문장이 비슷한지,
반대인지 판단해 봐!

 plus

요즘 주목받고 있는 영어 공부법은 AI를 활용하는 거예요. 원어민의 모습과 음성으로 마치 외국인과 실제로 대화하는 듯한 현장감도 느낄 수 있지요. 특히 AI가 실시간으로 단어, 문법을 교정해 주고, 더 나은 표현도 친절하게 알려 준대요.

1 어떤 사람의 학습 방법은 다른 사람에게는 맞지 않을지도 모른다.

[learning style] [One person's] [for another.] [may not work]

_____

2 한 가족에 3명의 형제자매가 있다고 하자.

[in one family.] [there are] [Let's say] [three siblings]

_____

3 한 명은 도표 또는 다이어그램을 선호한다. 그는 마인드맵을 만들고 영상을 보는 것을 좋아한다.

[charts or diagrams.] [One] [likes to] [prefers] [create mind maps and watch videos.]
[He]

_____

4 또 다른 한 명은 토론을 통해 더 잘 배운다. 그녀는 때때로 강의와 팟캐스트를 듣는다.

[She] [learns better] [Another] [to lectures and podcasts.] [sometimes listens] [through]
[discussions.]

_____

5 마지막 한 명은 움직임을 통해 가장 잘 배운다. 그녀는 실험과 역할 놀이를 즐긴다.

[enjoys] [The other] [through movement.] [experiments and role-playing.] [She] [learns best]

_____

6 그러나 아무도 오직 한 방법만 고수하지는 않는다.

[no one] [But] [only one style.] [sticks to]

_____

7 종종, 학습자들은 더 나은 결과를 위해 다양한 방법을 합친다.

[for better results.] [combine] [Often,] [different methods] [learners]

_____

Grammar Check 문법 배우기

부정대명사	특정한 사람이나 사물을 가리키지 않고 불특정하고 막연한 대상을 지칭하는 말

불특정 다수 중	some 몇몇		others 다른 몇몇
특정 다수 중	some 몇몇	others 다른 몇몇	the others 나머지 모두

○ some/other/the other는 뒤에 복수 명사를 써서 형용사로도 써요.

ex Some students like math, and others like English.
몇몇 학생들은 수학을 좋아하고, 다른 몇몇은 영어를 좋아한다.

'부정'의 '부'는 '아닐 부(不)'야.
부정대명사는 정해지지 않은 대명사라는 뜻이야.

Quiz 알맞은 단어를 고르세요.

1 Some | One like cats, but others | another like dogs.

2 Some | Others are red, others | another are blue, and

the others | other are yellow.

① 몇몇은 고양이를 좋아하지만, 다른 몇몇은 강아지를 좋아한다. ② 몇 개는 빨간색, 다른 몇 개는 파란색, 나머지는 노란색이다.

a Some | One students say mean things to others and hurt them. It's bullying. It also happens online, and it's cyberbullying. Some students hurt b others | the other through texts, social media, and even videos.

(A) Another example is posting pictures or videos of someone and making fun of that person.

(B) Spreading lies or rumors online is one example of cyberbullying.

(C) Think carefully before you post something!

Words　mean 못된　hurt 상처 주다　bullying 괴롭힘　happen 벌어지다　cyberbullying 사이버 폭력　post 게시하다　make fun of 비웃다　spread 퍼뜨리다　lie 거짓말

1 글의 ⓐ와 ⓑ에 들어갈 말로 알맞은 것을 고르세요.

어법 판단

ⓐ Some | One

ⓑ others | the other

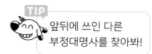
TIP
앞뒤에 쓰인 다른
부정대명사를 찾아봐!

2 글의 (A), (B), (C)를 순서대로 배열한 것으로 가장 적절한 것을 고르세요.

순서 파악

① (A) - (B) - (C)

② (B) - (A) - (C)

③ (B) - (C) - (A)

④ (C) - (A) - (B)

3 다음 빈칸에 알맞은 말을 글에서 찾아 쓰세요.

요약 완성

cyberbullying
- happen _____
- hurt others through texts, social media, and even _____

배경지식 ➕ plus

사이버 폭력 예방을 위한 방법

① SNS에 되도록 개인 정보를 노출하지 않아요.

② 비밀번호는 복잡하게 설정하고 주기적으로 변경해요.

③ 모르는 사람과는 소통하지 않아요.

④ 나를 괴롭히는 상대방은 즉시 차단해요.

1 어떤 학생들은 다른 사람들에게 못된 말을 하고 그들에게 상처를 준다.

[mean things] [Some students] [and hurt them.] [say] [to others]

_____

2 그것은 괴롭힘이다.

[bullying.] [It's]

_____

3 그것은 온라인에서도 일어나는데, 그것은 사이버 폭력이다.

[happens] [and it's] [It also] [online,] [cyberbullying.]

_____

4 몇몇 학생들은 문자, 소셜 미디어, 심지어 동영상으로 다른 사람들에게 상처를 준다.

[others] [hurt] [Some students] [through texts, social media, and even videos.]

_____

5 거짓말이나 루머를 온라인 상에 퍼뜨리는 것은 사이버 폭력의 한 예이다.

[is] [Spreading lies or rumors online] [cyberbullying.] [one example of]

_____

6 또 다른 예는 누군가의 사진이나 동영상을 게시하고 그 사람을 조롱하는 것이다.

[and making fun of that person.] [is posting pictures or videos of someone]
[Another example]

_____

7 네가 어떤 것을 게시하기 전에 신중하게 생각해라!

[carefully] [before you] [Think] [something!] [post]

_____

Black Sheep

검은 양

Grammar Check 문법 배우기

재귀대명사	자기 자신을 가리킬 때 쓰는 말로, 주어와 똑같은 대상을 지칭하거나 강조할 때 써요.

	단수(하나)	복수(둘 이상)
1인칭	myself 나 자신을	ourselves 우리 자신을
2인칭	yourself 너 자신을	yourselves 너희들 자신을
3인칭	himself 그 자신을 / herself 그녀 자신을 / itself 그것 자체를	themselves 그들 자신을

○ 재귀대명사는 주어로는 사용할 수 없어요.

Quiz 알맞은 단어를 고르세요.

① You should trust yourself | myself .

② I talk to myself | me .

③ He hurt himself | him .

---

① 네 자신을 믿어야 한다. ② 나는 혼잣말을 한다. ③ 그는 다쳤다.

My family talks about family matters together and makes decisions. Last Friday, the topic was our winter vacation plans. We had to choose between a ski resort and glamping. Everyone voted and wrote down their suggestions.

One note said, "Both are _____. I can enjoy ⓐ myself | me at home. I can take care of ⓑ me | myself ." It was obvious. It was my younger brother's. He is the "black sheep" of our family lately.

Words   matter 문제   make a decision 결정하다   vote 투표하다   write down ~을 적다
suggestion 제안   obvious 분명한   lately 최근에

1 글의 빈칸에 들어갈 말로 알맞은 것을 고르세요.

빈칸 추론

① easy

② boring

③ nice

④ good

2 어법상 글의 ⓐ와 ⓑ에 들어갈 말로 알맞은 것을 고르세요.

어법 판단

ⓐ myself | me

ⓑ me | myself

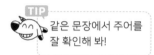

TIP
같은 문장에서 주어를
잘 확인해 봐!

3 밑줄 친 black sheep이 의미하는 것을 고르세요.

어휘 파악

① 모임을 주도하는 사람

② 아이디어가 풍부한 사람

③ 외모가 많이 다른 사람

④ 문제를 일으키는 사람

 plus

동물이 나오는 관용구
- white elephant(흰 코끼리): '애물단지'라는 뜻으로, 필요도 없는데 갖고 있기 비싸거나 돈이 많이 드는 것을 말해요.
- raining cats and dogs(개와 고양이가 내리는): 비가 매우 강하게 내리는 모습을 표현해요.

1 우리 가족은 가족 문제를 함께 의논하고 결정한다.

talks about / and / My family / makes decisions. / family matters together

2 지난 금요일에는 주제가 우리의 겨울 휴가 계획이었다.

was / Last Friday, / our winter vacation plans. / the topic

3 우리는 스키 리조트와 글램핑 중에 골라야 했다.

between a ski resort / We / and glamping. / had to choose

4 모두 투표를 했고 그들의 제안들을 적어 냈다.

voted / Everyone / their suggestions. / and wrote down

5 한 메모에는 "둘 다 지루해. 나는 집에서 혼자서 즐거운 시간을 보낼 수 있어."라고 쓰여 있었다.

said, / One note / at home." / I / enjoy / can / myself / are / "Both / boring.

6 "나는 내 자신을 돌볼 수 있어."

take care of / "I / can / myself."

7 그것은 분명했다. 그것은 내 남동생의 것이었다. 그는 최근 우리 가족의 '말썽꾼'이다.

obvious. / It was / It was / He is / my younger brother's. / of our family lately. / the "black sheep"

1 알맞는 용어에 동그라미하고 빈칸을 채우세요.

① '이것', '저것', '이 사람', '저 사람'은 (**지시대명사** / 부정대명사) 예요.

	단수(하나)	복수(둘 이상)
가까운 것 지시	이것, 이 사람	이것들, 이 사람들
멀리 있는 것 지시	저것, 저 사람	저것들, 저 사람들

② (지시대명사 / **부정대명사**) 는 정해지지 않은 명사를 대신해요.

두 개	하나는			다른 하나는
세 개	하나는	또 다른 하나는		마지막 남은 하나는
불특정 다수	몇몇			다른 몇몇
특정 다수	몇몇	다른 몇몇		나머지 모두

③ 자기 자신을 가리킬 때는 (**재귀대명사** / 인칭대명사) 를 써요.

	단수(하나)	복수(둘 이상)
1인칭	나 자신을	우리 자신을
2인칭	너 자신을	너희들 자신을
3인칭	그 자신을	
	그녀 자신을	그들 자신을
	그것 자체를	

2   문장에서 <u>틀린</u> 부분을 찾아 표시하고, 바르게 고쳐 쓰세요.

① I don't think these is a good idea for them.
나는 이것이 그들을 위해 좋은 생각이라고 생각하지 않는다.

_____

② Some students say mean things to another.
어떤 학생들은 다른 사람들에게 못된 말을 한다.

_____

③ One can confuse their young fans.
이것은 그들의 어린 팬들을 혼란스럽게 할 수 있다.

_____

④ One person's learning style may not work for another.
어떤 사람의 학습 방법은 다른 사람에게는 맞지 않을지도 모른다.

_____

3   우리말 뜻에 알맞은 단어를 고르세요.

① 퍼뜨리다	☐ spread	☐ combine	☐ confuse
② 실수	☐ method	☐ trouble	☐ mistake
③ 벌어지다	☐ happen	☐ hurt	☐ lie
④ 작용하다	☐ vote	☐ work	☐ post
⑤ 선호하다	☐ copy	☐ prefer	☐ perfect
⑥ 비웃다	☐ make fun of	☐ celebrity	☐ better

4 빈칸에 알맞은 단어를 넣어 퍼즐을 완성해 보세요.

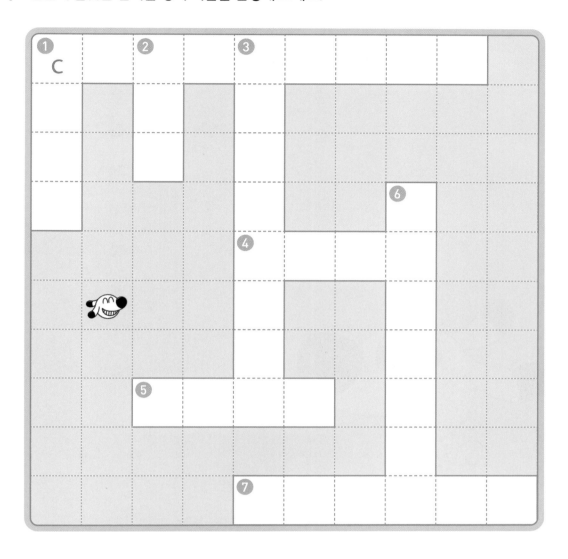

찾은 단어를 한 번 더 쓰세요!

➡ Across 가로

① 유명인 ⇒

④ 투표하다 ⇒

⑤ 상처 주다 ⇒

⑦ 더 나은 ⇒

⬇ Down 세로

① 따라하다 ⇒

② 거짓말 ⇒

③ 행동 ⇒

⑥ 완벽한 ⇒

PART 3

명사에 집중해서 읽기

지문에서 **핵심 소재를 찾는 것은 중요해요.** 핵심 소재는 주제와 바로 연결되기도 하고 세부 내용 파악에도 유용하거든요! 핵심 소재에 해당하는 명사를 찾는 연습을 해 보세요. 또 **그 명사가 셀 수 있는지 없는지, 셀 수 있다면 한 개인지, 여러 개인지** 잘 따라가면서 읽어 보자고요! 그럼 지문이 더 쉽게 파악돼요!

The Taegeukgi

태극기

Grammar Check 문법 배우기

고유명사	세상에 하나밖에 없고 특정한 인물, 사물, 장소와 같이 특정 대상을 구별하는 명사

사람	나라	도시	월	요일
Jane 제인 Tom 톰 Peter 피터	Korea 한국 China 중국	Seoul 서울 London 런던 New York 뉴욕	January 1월 April 4월	Monday 월요일 Sunday 일요일

○ 고유명사는 첫글자를 항상 대문자로 써요.
○ 고유명사에는 a(n), -(e)s를 쓸 수 없어요.
○ 사물일 때는 the를 붙이고, 사람일 때는 아무것도 붙이지 않아요.
  ex the Sun 태양   the Eiffel Tower 에펠탑   the Nile 나일강

Quiz 알맞은 단어를 고르세요.

① The Taegeukgi | The taegeukgi is the national flag of Korea | korea .

② This story is about a girl. Her name is anne shirley | Anne Shirley .

③ My name is Ava Smith | an Ava Smith .

① 태극기는 한국의 국기이다. ② 이 이야기는 한 소녀에 대한 것이다. 그녀의 이름은 앤 셜리이다. ③ 내 이름은 아바 스미스이다.

The Taegeukgi is the national flag of Korea. What do you see in the four corners of the flag? These black symbols are *geon-gon-gam-ri*. **a** The top left corner is *geon*, and it means sky. **b** The bottom right corner is *gon*, and it represents the ground. **c** *Gam* means water, and it is in the top right corner. **d** It is a symbol of fire.

Words national flag 국기　corner 모서리　flag 깃발　symbol 기호, 상징　mean 의미하다
bottom 하단　represent 나타내다　ground 땅

Comprehension Check 문제 풀기

1 글의 제목으로 가장 알맞은 것을 고르세요.
제목 찾기

태극기의 _____

① 정의　　　　② 역사　　　　③ 탄생　　　　④ 구성

2 다음 문장이 들어갈 위치로 알맞은 곳을 고르세요.
추론하기

And you'll see *ri* in the bottom left corner of the flag.

① a　　　　② b　　　　③ c　　　　④ d

3 다음 빈칸에 알맞은 말을 글에서 찾아 쓰세요.
요약 완성

| Geon | ▸ the top left corner
▸ a symbol of _____ |

| Gon | ▸ the bottom _____ corner
▸ a symbol of the ground |

| Gam | ▸ the _____ right corner
▸ a symbol of _____ |

| Ri | ▸ the bottom left corner
▸ a symbol of _____ |

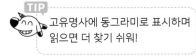
TIP
고유명사에 동그라미로 표시하며 읽으면 더 찾기 쉬워!

 plus

태극기를 다는 방법
국경일과 경축일에는 태극기를 깃봉까지 올려서 달고, 현충일이나 국가적인 장례 기간에는 깃봉에서 태극기의 길이만큼 내려서 조기 형태로 달아야 해요.

1 태극기는 한국의 국기이다.

[of Korea.] [The Taegeukgi] [is the national flag]

_____

2 너는 깃발의 네 개의 모서리에 무엇이 보이니?

[you] [What] [see] [in the four corners of the flag?] [do]

_____

3 이 검은색 기호들은 건-곤-감-리이다.

[These black symbols] [*geon-gon-gam-ri.*] [are]

_____

4 왼쪽 상단 모서리는 '건'이고, 이것은 하늘을 의미한다.

[and it] [The top left corner] [means] [is] [*geon,*] [sky.]

_____

5 오른쪽 하단 모서리는 '곤'이고, 이것은 땅을 나타낸다.

[represents] [it] [The bottom right corner] [is *gon,*] [the ground.] [and]

_____

6 '감'은 물을 의미하고, 이것은 오른쪽 상단 모서리에 있다.

[water,] [*Gam*] [is] [it] [in the top right corner.] [means] [and]

_____

7 너는 깃발의 왼쪽 하단 모서리에 '리'가 보일 것이다. 이것은 불의 상징이다.

[It is] [*ri*] [You'll see] [in the bottom left corner of the flag.] [a symbol of fire.]

_____

Book Club

독서 모임

Grammar Check 문법 배우기

| 단수 명사 ↕ 하나인 명사 | | 복수 명사 ↕ 둘 이상인 명사 |

	단수 명사(하나)	복수 명사(둘 이상)
대부분의 명사	a cat 고양이 한 마리 an egg 계란 한 알	+ -s cats 고양이들 eggs 계란들

○ a/an은 1명이나 1개일 때만 사용해요.
○ 자음으로 시작하는 단어는 a를 써요.
○ 첫소리가 모음(a, e, i, o, u)으로 발음되는 단어는 an를 써요.
○ 단어의 스펠링이 아니라 발음을 봐야 해요.
　ex an hour, an honest person, an honor

Quiz 알맞은 단어를 고르세요.

❶ I read [an article | a article] about your book club for kids.

❷ This story is about [a girl | an girl].

❸ I have [a old pen | an old pen] in my pencil case.

① 나는 아이들을 위한 네 독서 모임에 대한 기사를 읽었다. ② 이 이야기는 한 소녀에 대한 것이다. ③ 나는 필통에 오래된 펜 한 자루가 있다.

Dear Mr. Jones,

My name is Ava Smith. I have ⓐ `an | a` eleven-year-old daughter. Yesterday, I read an article about your book club for kids. My child is very interested in books these days. I would like to register her for your club. Is there ⓑ `a spot | spots` for my daughter? If so, please let me know. I look forward to your _____.

Sincerely,

Ava Smith

Words daughter 딸 article 기사 kid 아이 be interested in ~에 관심이 있다 register 등록하다
spot 자리 look forward to ~을 기다리다 sincerely 진심으로

Comprehension Check 문제 풀기

1 글의 목적으로 가장 적절한 것을 고르세요.

목적 판단

① 독서 모임에 자리가 있는지 문의하려고

② 독서 모임의 가입 자격을 물어보려고

③ 독서 모임에 필요한 도서 목록을 알아보려고

④ 자녀들이 읽기 좋은 도서를 추천받으려고

2 어법상 글의 ⓐ와 ⓑ에 들어갈 말로 알맞은 것을 고르세요.

어법 판단

ⓐ | an | a |

ⓑ | a spot | spots |

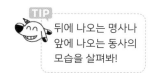

TIP
뒤에 나오는 명사나
앞에 나오는 동사의
모습을 살펴봐!

3 글의 빈칸에 들어갈 말로 알맞지 <u>않은</u> 것을 고르세요.

빈칸 추론

① response

② reply

③ answer

④ solution

 plus

영어 편지글에는 시작과 끝 부분에 인사말을 꼭 써야 해요. 편지를 시작할 때에는 Dear를 써야 하고, Hi, My friend 등으로 쓰지 않게 주의해야 해요. 그리고 편지를 마칠 때에는 Sincerely, All the best, Warm regards 등을 써 주면 돼요.

1 존스 씨에게, 제 이름은 아바 스미스입니다.
is Ava Smith.   Dear Mr. Jones,   My name

_____

2 저는 11살짜리 딸이 있습니다.
an eleven-year-old   daughter.   I   have

_____

3 어제, 저는 아이들을 위한 당신의 독서 모임에 대한 기사를 읽었습니다.
Yesterday,   about your book club   an article   for kids.   I read

_____

4 제 아이는 요즘 책에 아주 관심이 많습니다.
My child   books   is very interested in   these days.

_____

5 저는 당신의 모임에 그녀를 등록시키고 싶습니다.
register   her   I would like to   for your club.

_____

6 제 딸을 위한 자리가 있을까요? 만약 그렇다면, 저에게 알려 주세요.
a spot   for my daughter?   Is   there   If so,   let me know.   please

_____

7 당신의 답변을 기다리겠습니다. 진심을 담아서, 아바 스미스 드림.
look forward to   I   Sincerely,   your reply.   Ava Smith

_____

Grammar Check 문법 배우기

단수 명사 ⟳ 하나인 명사	복수 명사 ⟳ 둘 이상인 명사

	단수 명사(하나)		복수 명사(둘 이상)
-s, -ch, -sh, -x, -o로 끝나는 단어	a bus 버스 한 대 a bench 벤치 한 대 a dish 접시 한 개 a box 박스 한 개 a hero 영웅 한 명	+ -es	buses 버스들 benches 벤치들 dishes 접시들 boxes 박스들 heroes 영웅들
불규칙	a child 한 아이 a tooth 치아 한 개 a man/woman 한 남자/여자		children 아이들 teeth 치아들 men/women 남자들/여자들

Quiz 알맞은 단어를 고르세요.

1 Roots | Rootes hold a plant tight.

2 Do you like sweet potatos | sweet potatoes ?

3 Some look like branches | branchs .

① 뿌리는 식물을 단단히 잡아 준다. ② 너는 고구마를 좋아하니? ③ 몇몇은 나뭇가지처럼 생겼다.

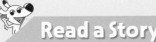

Roots hold a plant tight so it can stay strong in the soil. They also take water and nutrients from the soil, and they help the plant grow well. Roots come in many different shapes. Some look like whiskers, and some look like branches.

ⓐ Do you like sweet potatoes? ⓑ They are roots, and we eat the roots. ⓒ Unlike sweet potatoes, potatoes are actually stems. ⓓ Sweet potatoes store a lot of nutrients in their roots, so <u>they</u> get thicker.

Words root 뿌리　hold 잡다　plant 식물　tight 단단히　soil 흙　nutrient 영양분　whisker 수염
branch 나뭇가지　unlike ~와 달리　stem 줄기　store 저장하다　thicker 더 두꺼운

1 다음 글에서 전체 흐름과 관계 없는 문장을 고르세요.

흐름 파악

① ⓐ   ② ⓑ   ③ ⓒ   ④ ⓓ

2 글의 내용과 일치하지 않은 것을 고르세요.

내용 확인

① 뿌리는 식물이 땅에 지탱할 수 있게 한다.

② 뿌리는 흙에서 물과 영양분을 흡수한다.

③ 뿌리는 모두 같은 모양을 가지고 있다.

④ 우리는 고구마의 뿌리 부분을 먹는 것이다.

3 밑줄 친 they가 가리키는 것을 써 보세요.

지칭 추론

_____

 plus

뿌리 채소는 뿌리를 식용으로 하는 채소로 고구마, 당근, 무가 있어요. 잎을 먹는 잎채소는 양상추, 시금치, 케일이 있고, 줄기를 먹는 줄기 채소로는 아스파라거스, 셀러리, 파가 있어요.

1 뿌리는 식물을 단단히 잡아 주어 그것은 땅에서 강하게 유지될 수 있다.

(hold) (so it) (can stay strong) (Roots) (a plant) (tight) (in the soil.)

_____

2 그들은 또한 땅에서 물과 영양분을 흡수하고, 식물이 잘 자라게 돕는다.

(the plant) (also take water and nutrients) (They) (from the soil,) (and they) (grow well.)
(help)

_____

3 뿌리는 많은 다양한 모양으로 있다.

(come in) (Roots) (many different shapes.)

_____

4 몇몇은 수염처럼 생겼고, 몇몇은 나뭇가지처럼 생겼다.

(and) (some) (Some) (look like whiskers,) (look like branches.)

_____

5 너는 고구마를 좋아하니?

(sweet potatoes?) (Do) (like) (you)

_____

6 그들은 뿌리이고, 우리는 그 뿌리를 먹는다.

(and we) (They) (eat) (are roots,) (the roots.)

_____

7 고구마는 뿌리에 많은 영양분을 저장해서 그들은 더 두꺼워진다.

(in their roots,) (Sweet potatoes) (so they) (store a lot of nutrients) (get thicker.)

_____

Unit 12 Sugary Drinks

설탕이 많이 든 음료

Grammar Check 문법 배우기

물질명사	일정한 형태가 없어서 셀 수 없는 것

액체	고체	기체	가루/알갱이
water 물 juice 주스 milk 우유 soda 소다	bread 빵 soap 비누 chocolate 초콜릿 cheese 치즈	smoke 연기 oxygen 산소	flour 밀가루 salt 소금 rice 쌀

- 셀 수 없는 명사는 a(n), -(e)s를 쓸 수 없어요.
- 단위나 용기를 사용해서 수량을 나타낼 수 있어요.
  ex two bottles of water 물병 두 개   three slices of cheese 치즈 세 장

Quiz 알맞은 단어를 고르세요.

1 Do you want some [bread | breads] ?

2 I want a cup of [tea | teas] .

3 Many people like [sugary drinks | sugary drink] .

① 빵 좀 먹을래? ② 나는 차 한 잔을 원한다. ③ 많은 사람들은 설탕이 든 음료를 좋아한다.(여기서 drink는 '음료, 음료수'라는 셀 수 있는 명사로 사용되었어요.)

Many people like sugary drinks, like **a** a Coke or juice | Coke or juice . But they can cause health issues. We can have toothaches and gain too much weight. More seriously, we can have diseases like diabetes.

I think the government should put a tax on sugary drinks. Then, these drinks will become more expensive. People might choose cheaper and healthier options like **b** water or milk | waters or milks instead of them.

Words　cause ~을 일으키다　issue 문제　weight 몸무게　seriously 심각하게　diabetes 당뇨병
government 정부　tax 세금　expensive 비싼　choose 고르다　instead of ~ 대신에

1 글의 요지로 적절한 것을 고르세요.

요지 파악

① 건강에 좋은 탄산음료를 개발해야 한다.

② 비만 및 당뇨를 유발하는 음료를 판매하지 말아야 한다.

③ 몸무게에 영향을 미치는 성분에 관심을 가져야 한다.

④ 설탕이 많이 든 음료에 세금을 부과해야 한다.

2 글의 @와 ⓑ에 들어갈 말로 알맞은 것을 고르세요.

어법 판단

ⓐ a Coke or juice | Coke or juice

ⓑ water or milk | waters or milks

3 밑줄 친 them이 가리키는 것을 써 보세요.

지칭 추론

_____

 plus

소금에 이어 설탕의 유해성이 알려지면서 세계보건기구를 비롯해 전 세계적으로 설탕(첨가당) 섭취 줄이기에 나섰어요. 첨가당(조리 때 첨가하는 당으로 설탕, 꿀, 시럽, 액상과당 등)이 많이 든 가공식품에 세금을 부과하는 '설탕세'를 도입한 국가는 80개국이 넘어요.

1 많은 사람들은 콜라나 주스 같은 설탕이 많이 든 음료를 좋아한다.

like Coke or juice.   sugary drinks,   Many people   like

_____

2 그러나 그것들은 건강 문제를 일으킬 수 있다.

they   But   health issues.   can cause

_____

3 우리는 이가 아플 수도 있고, 살이 너무 많이 찔 수도 있다.

toothaches   We   and gain   can have   too much weight.

_____

4 더 심각하게는 우리는 당뇨 같은 병에 걸릴 수 있다.

diseases   can have   More seriously,   we   like diabetes.

_____

5 나는 정부가 설탕이 많이 든 음료에 세금을 부과해야 한다고 생각한다.

the government   put a tax   I think   should   on sugary drinks.

_____

6 그러면, 이 음료들은 더 비싸질 것이다.

these drinks   Then,   more expensive.   will become

_____

7 사람들은 물이나 우유 같은 더 저렴하고 더 건강한 선택지를 고를지도 모른다.

cheaper and healthier options   like water or milk.   People   might choose

_____

1 알맞는 용어에 동그라미하고 빈칸을 채우세요.

① 사람, 나라, 도시, 월 이름 같은 명사는 (고유명사 / 대명사)라고 해요.

명사				
사람	나라	도시	월	요일
Jane 제인 Tom 톰	Korea 한국 China 중국	Seoul 서울 London 런던	January 1월 April 4월	Monday 월요일 Sunday 일요일

② 1개는 (단수 / 복수) 명사, 2개 이상은 (단수 / 복수) 명사라고 해요.

	명사 (하나)	명사 (둘 이상)
대부분의 단어	고양이 한 마리 an egg 계란 한 알	cats 고양이들 　계란들
-s, -ch, -sh, -x, -o로 끝나는 단어	a bus 버스 한 대 　벤치 한 개 　접시 한 개 a box 박스 한 개 　영웅 한 명	버스들 benches 벤치들 dishes 접시들 　박스들 heroes 영웅들
불규칙	a child 한 아이 　치아 한 개 a man / 　 한 남자 / 한 여자	아이들 teeth 치아들 　 / women 남자들 / 여자들

③ 물질명사는 (셀 수 있는 명사 / 셀 수 없는 명사)예요.

물질명사			
			가루/알갱이
water 물 juice 주스	bread 빵 soap 비누	smoke 연기 oxygen 산소	flour 밀가루 salt 소금

2 문장에서 **틀린** 부분을 찾아 표시하고, 바르게 고쳐 쓰세요.

❶ My children is very interested in books these days.
제 아이는 요즘 책에 아주 관심이 많습니다.

_____

❷ We have toothaches and gain too much weights.
우리는 이가 아프고 살이 너무 많이 찐다.

_____

❸ They take waters and nutrients from the soil.
그들은 땅에서 물과 영양분을 흡수한다.

_____

❹ The Taegeukgi is the national flag of korea.
태극기는 한국의 국기이다.

_____

3 우리말 뜻에 알맞은 단어를 고르세요.

❶ 잡다 — ☐ hold ☐ register ☐ store

❷ 정부 — ☐ branch ☐ symbol ☐ government

❸ 기사 — ☐ article ☐ flag ☐ stem

❹ 몸무게 — ☐ soil ☐ weight ☐ tax

❺ 비싼 — ☐ thicker ☐ expensive ☐ seriously

❻ 나타내다 — ☐ represent ☐ cause ☐ choose

4 빈칸에 알맞은 단어를 넣어 퍼즐을 완성해 보세요.

① r

②

③ ④

⑤

⑥

⑦

⑧

찾은 단어를
한 번 더 쓰세요!

→ Across 가로

① 등록하다 ⇒
③ 줄기   ⇒
⑥ 흙   ⇒
⑧ 땅   ⇒

↓ Down 세로

② 기호, 상징 ⇒
④ 세금   ⇒
⑤ 더 두꺼운 ⇒
⑦ 깃발   ⇒

PART 4

동사에 집중해서 읽기 1

지문에서 핵심 소재의 상태와 동작을 파악하는 것도 중요해요. 상태와 동작은 동사로 파악할 수 있는데, 동사는 주어를 잘 설명하고 있을 뿐만 아니라, 현재, 과거, 미래 같은 시제도 알 수 있어요.

Words with "-logy"

'–logy'가 들어간 단어

Grammar Check 문법 배우기

be동사 현재형	'~이다',' ~(하)다', '~(에) 있다'라는 의미로, 주어의 인칭과 수에 따라 형태가 바뀌어요.

	단수 주어	be동사	줄임말	복수 주어	be동사	줄임말
1인칭	I	am	I'm	We		We're
2인칭	You	are	You're	You		You're
3인칭	He		He's		are	
	She	is	She's	They		They're
	It		It's			

Quiz 알맞은 단어를 고르세요.

❶ Zoology [is | are] the study of animals.

❷ Mythology [is | are] the study of myths and traditional stories.

❸ Greek and Roman myths [is | are] especially popular with readers.

① 동물학은 동물에 대한 학문이다. ② 신화학은 신화와 전통적인 이야기에 대한 학문이다. ③ 그리스 로마 신화들은 독자들에게 특히 인기가 많다.

Words with "-logy" mean the study of something. For example, zoology is the study of animals, their behavior, their families, and more. ⓐ Mythology is the study of myths, traditional stories, and legends. ⓑ Greek and Roman myths are especially popular with readers. ⓒ Psychology is the study of the mind, behavior, and mental processes. ⓓ How about sociology? <u>It</u> is the study of our society, social behaviors, and relationships.

Words zoology 동물학   family 가족, 무리   mythology 신화학   myth 신화   traditional 전통적인
legend 전설   Greek and Roman myths 그리스 로마 신화   especially 특히   reader 독자
psychology 심리학   mental 마음의   process 과정   sociology 사회학   relationship 관계

1 다음 글에서 전체 흐름과 관계 <u>없는</u> 문장을 고르세요.

흐름 파악

① ⓐ   ② ⓑ   ③ ⓒ   ④ ⓓ

2 다음 빈칸에 들어갈 말로 알맞지 <u>않은</u> 것을 고르세요.

내용 파악

> Words with "-logy" mean the study of something such as zoology and _____.

① mythology

② Roman myths

③ psychology

④ sociology

3 밑줄 친 <u>It</u>이 가리키는 것을 써 보세요.

어법 판단

_____

 **plus**

'-logy'로 끝나지만 학문명이 아닌 경우도 있어요.

① analogy: 비유, 유사

    ana-(접두사)는 '근접한' 또는 '완전한'이란 뜻에서 나온 단어이고, 동사는 analogize(유추하다)라고 써요.

② apology: 사과

    apo-(접두사)는 '멀리'라는 뜻에서 나온 단어이고, 동사는 apologize(사과하다)라고 써요.

1 '-logy'가 들어간 단어들은 어떤 것에 대한 학문을 의미한다.

| with "-logy" | | Words | | the study of something. | | mean |

_____

2 예를 들면, 동물학은 동물들, 그들의 행동, 그들의 무리 등등에 대한 학문이다.

| zoology | | For example, | | animals, their behavior, their families, and more. | | is the study of |

_____

3 신화학은 신화, 전통적인 이야기, 그리고 전설에 관한 학문이다.

| myths, traditional stories, and legends. | | is the study of | | Mythology |

_____

4 그리스 로마 신화는 독자들에게 특히 인기가 많다.

| are especially popular | | with readers. | | Greek and Roman myths |

_____

5 심리학은 마음, 행동, 그리고 정신적 과정에 대한 학문이다.

| is the study of | | Psychology | | the mind, behavior, and mental processes. |

_____

6 그럼 사회학은 어떨까?

| sociology? | | How about |

_____

7 그것은 우리 사회, 사회적 행동들, 그리고 관계들에 관한 학문이다.

| It | | our society, social behaviors, and relationships. | | the study of | | is |

_____

A Lie Has No Legs

거짓말에는 다리가 없다

Grammar Check 문법 배우기

There is/are ~	'(명사가) ~있다'라는 의미로, 명사의 수에 따라 be동사를 결정해요.

단수(하나)	복수(둘 이상)
There is + 단수 명사	There are + 복수 명사

- There is의 줄임말은 There's, There are의 줄임말은 There're예요.
- 셀 수 없는 명사는 There is ~를 써요.
  ex There is some juice. 주스가 좀 있어.
- 셀 수 없는 명사가 수량을 나타내는 말과 함께 쓰이면 There are ~를 써요.
  ex There are three glasses of water. 물이 세 잔 있어.

Quiz 알맞은 단어를 고르세요.

1 There [is | are] a proverb "A lie has no legs."

2 There [is | are] some sayings about people's feelings.

3 There [is | are] something with no legs.

① '거짓말은 다리가 없다'라는 속담이 있다. ② 사람의 감정에 관한 몇몇 속담들이 있다. ③ 다리가 없는 어떤 것이 있다.

Do you sometimes lie to your friends? Lies can hurt people's feelings and break friendships. There ⓐ is | are a saying "A lie has no legs." Imagine something with no legs. It can't move or go anywhere. ⓑ This | These proverb means that _____. People will find out the truth soon enough. So we should always be honest and tell the truth from the start.

⫶Words   lie 거짓말하다   hurt 상처 주다   break 깨다   saying 속담, 격언   imagine 상상하다
anywhere 어디든   proverb 속담   find out 발견하다   truth 진실   honest 진실한

1 글의 주제로 가장 알맞은 것을 고르세요.

주제 파악

① 거짓말은 필요하다.

② 거짓말을 찾는 방법이 있다.

③ 거짓말은 장점이 많다.

④ 거짓말은 하면 안 된다.

2 어법상 글의 ⓐ와 ⓑ에 들어갈 말로 알맞은 것을 고르세요.

어법 판단

ⓐ   is | are

ⓑ   This | These

3 다음 빈칸에 들어갈 말로 가장 적절한 것을 고르세요.

빈칸 추론

① lies spread quickly

② lies don't last long

③ lies are not always bad

④ lies sometimes hurt people

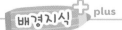 plus

거짓말과 관련된 영어 속담

· **Never lie to yourself.** 너 자신을 속이지 마라.

· **Honesty is the best policy.** 정직이 최선의 방책이다.

· **One lies leads to another.** 거짓말 한 번이 또 다른 거짓말을 만든다.

1 너는 네 친구들에게 때때로 거짓말을 하니?

[sometimes lie] [you] [Do] [to your friends?]

2 거짓말은 사람들의 감정을 상하게 하고 우정을 깨뜨릴 수 있다.

[and break] [can hurt] [Lies] [friendships.] [people's feelings]

3 "거짓말은 다리가 없다"라는 속담이 있다.

[is] [There] ["A lie has no legs."] [a saying]

4 다리가 없는 어떤 것을 상상해 봐. 그것은 움직이거나 어디에도 가지 못한다.

[with no legs.] [It] [Imagine] [something] [or go] [anywhere.] [can't move]

5 이 속담은 거짓말은 오래 가지 않는다는 것을 의미한다.

[that lies] [This proverb] [don't last long.] [means]

6 사람들은 머지않아 진실을 알게 될 것이다.

[the truth] [People] [will find out] [soon enough.]

7 그래서 우리는 항상 정직해야 하고, 처음부터 진실을 말해야 한다.

[should always be honest] [and] [tell the truth] [So we] [from the start.]

Voluntourism

자원봉사 여행

 Grammar Check 문법 배우기

일반동사의 현재형	보통 동사원형을 쓰지만 주어가 3인칭 단수인 경우 대부분 동사에 –s를 붙여 써요.

동사 모양	I, you, we, they, 복수 주어		3인칭 단수(he, she, it 등) 주어
대부분의 동사	like 좋아한다 live 산다 come 온다 buy 산다 play 논다 enjoy 즐긴다	+ -s	likes 좋아한다 lives 산다 comes 온다 buys 산다 plays 논다 enjoys 즐긴다

Quiz 알맞은 단어를 고르세요.

① Jane sometimes (volunteer | volunteers) with her friends.

② We (help | helps) others.

③ My boyfriend (enjoy | enjoys) new places.

① 제인은 가끔 친구들과 자원봉사를 한다. ② 우리는 다른 사람들을 돕는다. ③ 내 남자친구는 새로운 장소들을 좋아한다.

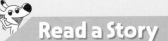

We go on a trip, see new places, have fun, and ⓐ <u>relax</u>. But with voluntourism, we do one more thing: We help others. Voluntourism is a ⓑ <u>mix</u> of two words: volunteer and tourism.

Imagine your family is on ⓒ <u>vacation</u> at the beach. Instead of just playing in the sand and swimming, your family ⓓ <u>throws away</u> trash. That's one example of voluntourism. Voluntourism will give you a _____ travel experience!

Words go on a trip 여행을 가다   mix of two words 합성어   volunteer 자원봉사하다
tourism 관광   imagine 상상하다   sand 모래   trash 쓰레기

Comprehension Check 문제 풀기

1 글에서 나온 'voluntourism'과 일치하지 <u>않는</u> 것을 고르세요.

[내용 일치]

① 다른 사람들을 도울 수 있다.

② 두 단어가 합쳐진 용어이다.

③ 해변에서도 할 수 있다.

④ 가족들이랑만 해야 한다.

2 빈칸에 들어갈 단어로 가장 적절한 것을 고르세요.

[빈칸 추론]

① strange

② boring

③ exhausting

④ meaningful

3 밑줄 친 부분 중, 문맥상 낱말의 쓰임이 적절하지 <u>않은</u> 것을 고르세요.

[어휘 추론]

①   ②   ③ ⓒ   ④

 plus

자원봉사 여행

자원봉사 여행(voluntourism)은 자원봉사를 결합한 새로운 관광 문화예요. 도움을 필요로 하는 지구촌의 이웃을 위해 봉사 활동을 하면서 다른 사람들의 문화와 삶을 배우는 여행을 뜻해요.

1 우리는 여행을 가서, 새로운 장소들을 보고, 즐거운 시간을 보내고, 그리고 휴식을 취한다.

have fun, | see new places, | We | go on a trip, | and relax.

2 그러나 자원봉사 여행에서는, 우리는 한 가지를 더 한다. 우리는 다른 사람들을 돕는다.

we | But | We | with voluntourim, | help others. | do one more thing:

3 자원봉사 여행은 '자원봉사하다'와 '관광'의 합성어이다.

is | a mix of two words: | Voluntourism | volunteer and tourism.

4 너희 가족이 해변에서 휴가 중이라고 상상해 봐라.

your family | Imagine | at the beach. | is on vacation

5 단지 모래에서 놀고 수영하는 대신에, 너희 가족은 쓰레기를 줍는다.

collects | and swimming, | Instead of just playing in the sand | trash. | your family

6 그것은 자원봉사 여행의 한 예이다.

one example of | That's | voluntourism.

7 자원봉사 여행은 너에게 의미 있는 여행 경험을 줄 것이다!

you | a meaningful travel experience! | Voluntourism | will give

Unique Families

Grammar Check 문법 배우기

일반동사의 현재형	주어가 3인칭 단수인 경우 동사 모양에 따라 -es를 붙이거나 불규칙적으로 변해요.

동사 모양	I, you, we, they, 복수 주어		3인칭 단수(he, she, it 등) 주어
-ch, -sh, -x, -o, -s	watch 본다 finish 끝낸다 fix 고친다 do 한다 pass 통과한다	+ -es	watches 본다 finishes 끝낸다 fixes 고친다 does 한다 passes 통과한다
자음 + y	study 공부한다 try 노력한다	+ -ies	studies 공부한다 tries 노력한다
불규칙	have 가진다		has 가진다

Quiz 알맞은 단어를 고르세요.

1. Not every child [has | have] both a mom and a dad.

2. My best friend often [go | goes] on trips.

3. Mrs. Kim [do | does] one more thing: She [helps | help] the poor.

① 모든 아이가 엄마와 아빠 둘 다 있는 것은 아니다. ② 내 가장 친한 친구는 자주 여행을 간다. ③ 김 선생님은 한 가지 일을 더한다. 그녀는 가난한 사람들을 돕는다.

Aaron ⓐ live | lives with his dad. Somin ⓑ have | has a younger brother, but their fathers are different. Haejun is Korean, but his mom is from Vietnam. Emma's parents adopted her ten years ago. Families can look very different from one another.

So please remember: Not every child has both a mom and a dad. Every family is _____ in its own way.

Words different 다른   adopt 입양하다   ago 전에   one another 서로   remember 기억하다
both A and B A와 B 둘 다   in one's own way 그 나름대로

Comprehension Check 문제 풀기

1 글의 주제로 가장 알맞은 것을 고르세요.
주제 파악

① 다문화 가정의 특징을 설명하려고

② 다양한 가족 형태를 알려 주려고

③ 예절 교육의 필요성을 주장하려고

④ 가족의 역할을 강조하려고

2 어법상 글의 ⓐ와 ⓑ에 들어갈 말로 알맞은 것을 고르세요.
어법 판단

ⓐ   live | lives

ⓑ   have | has

3 빈칸에 들어갈 단어로 적절하지 <u>않은</u> 것을 고르세요.
빈칸 추론

① unique

② special

③ strange

④ golden

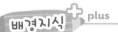 plus

다양한 가족들의 모습이 있어요. 어떤 가족은 한부모 가족이고, 어떤 가족은 혼합 가족이고, 어떤 가족은 다문화 가족 또는 입양 가족이죠. 형태는 다르지만 모두 사랑하는 마음이 가득한 가족의 모습이에요.

1 아론은 그의 아빠와 함께 산다.

   [lives] [Aaron] [with his dad.]

   _____

2 소민이는 남동생이 있지만, 그들의 아빠는 다르다.

   [a younger brother,] [but] [their fathers] [Somin] [has] [are different.]

   _____

3 해준이는 한국인이지만, 그의 엄마는 베트남에서 오셨다.

   [but his mom] [is] [Korean,] [Haejun] [is from Vietnam.]

   _____

4 엠마의 부모님은 그녀를 10년 전에 입양했다.

   [adopted] [her] [Emma's] [parents] [ten years ago.]

   _____

5 가족들은 서로 아주 다르게 보일 수 있다.

   [can look very different] [Families] [from one another.]

   _____

6 그래서 꼭 기억해라. 모든 아이가 엄마와 아빠 둘 다 있는 것은 아니다.

   [Not every child] [please] [has] [So] [remember:] [both a mom and a dad.]

   _____

7 모든 가족은 그 나름대로 특별하다.

   [is] [unique] [Every family] [in its own way.]

   _____

1 알맞는 용어에 동그라미하고 빈칸을 채우세요.

① (be동사 / 일반동사) 현재형은 am, are, is, 총 3가지가 있어요.

	단수	be동사	줄임말	복수	be동사	줄임말
1인칭	I			We		
2인칭	You			You		
3인칭	He					
	She			They		
	It					

② 한 개 있으면 There (is / are), 두 개 이상 있으면 There (is / are)를 써요.

단수	복수
There ⬚ ➕ 단수 명사 ↳ ~이 있다	There ⬚ ➕ 복수 명사 ↳ ~이 있다

③ 일반동사의 현재형은 주어가 (3인칭 단수 / 3인칭 복수)일 때 모양이 변해요.

동사 모양	I, you, we, they 복수 주어		3인칭 단수(he, she, it 등) 주어			
기본형	like 좋아한다 come 온다 play 논다	live 산다 buy 산다 enjoy 즐긴다	⬚ 좋아한다 ⬚ 온다 ⬚ 논다	⬚ 산다 ⬚ 산다 ⬚ 즐긴다		
-ch, -sh, -x, -o, -s	watch 본다 fix 고친다 pass 통과한다	finish 끝낸다 do 한다	⬚ 본다 ⬚ 고친다 ⬚ 통과한다	⬚ 끝낸다 ⬚ 한다		
자음 + y	study 공부한다	try 노력한다	⬚ 공부한다	⬚ 노력한다		
불규칙	have 가진다		⬚ 가진다			

87

2 문장에서 <u>틀린</u> 부분을 찾아 표시하고, 바르게 고쳐 쓰세요.

1 Every family are unique in its own way.

모든 가족은 그 나름대로 특별하다.

_____

2 Words with "-logy" means the study of something.

'-logy' 가 들어간 단어들은 어떤 것에 대한 학문을 의미한다.

_____

3 We go on a trip, see new places, has fun, and relax.

우리는 여행을 가서, 새로운 장소들을 보고, 즐거운 시간을 보내고, 그리고 휴식을 취한다.

_____

4 Greek and Roman myths is especially popular with readers.

그리스 로마 신화는 독자들에게 특히 인기가 많다.

_____

3 우리말 뜻에 알맞은 단어를 고르세요.

1 서로 ▸ ☐ one another ☐ both A and B ☐ anywhere

2 무리 ▸ ☐ legend ☐ myth ☐ family

3 관계 ▸ ☐ volunteer ☐ relationship ☐ proverb

4 상상하다 ▸ ☐ imagine ☐ remember ☐ adopt

5 거짓말하다 ▸ ☐ find out ☐ lie ☐ break

6 전통적인 ▸ ☐ honest ☐ ago ☐ traditional

4 빈칸에 알맞은 단어를 넣어 퍼즐을 완성해 보세요.

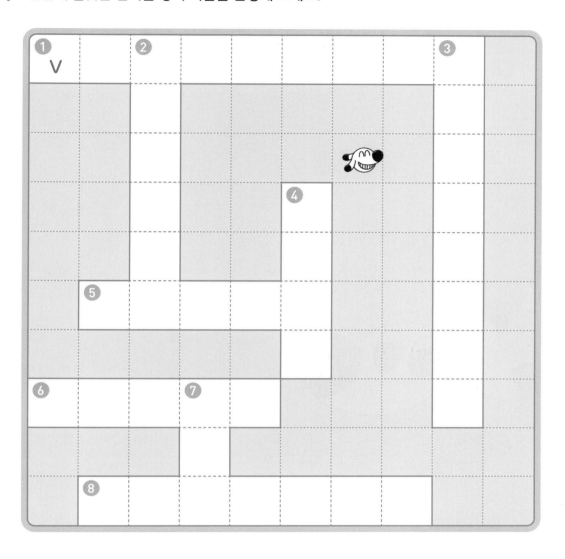

찾은 단어를
한 번 더 쓰세요!

→ Across 가로

① 자원봉사하다 ⇒

⑤ 입양하다 ⇒

⑥ 깨다 ⇒

⑧ 속담 ⇒

↓ Down 세로

② 전설 ⇒

③ 기억하다 ⇒

④ 신화 ⇒

⑦ 전에 ⇒

PART 5

동사에 집중해서 읽기 2

Grammar Check 문법 배우기

be동사의 과거형	‘~였다’, ‘~(에) 있었다’라는 의미로, 주어의 인칭과 수에 따라 형태가 바뀌어요.

1인칭 단수	2인칭 단수	3인칭 단수	복수
I + was	You + were	He/She/It + was	We/You/They + were

∘ am/is의 과거형은 was, are의 과거형은 were예요.

Quiz 알맞은 단어를 고르세요.

① I ⏐ was ⏐ were ⏐ extremely stressed by the end of the trip.

② Imagine your family ⏐ was ⏐ were ⏐ on vacation at the beach.

③ My parents ⏐ was ⏐ were ⏐ too busy.

① 나는 여행이 끝날 때쯤 매우 스트레스를 받았다. ② 너희 가족이 해변에서 휴가 중이었다고 상상해 봐라. ③ 우리 부모님은 너무 바빴어요.

Our last vacation ⓐ [was | were] too busy. We ⓑ [was | were] extremely tired by the end of the trip. So this time, my family decided to skip the usual travel hustle. I already borrowed 20 comic books. My sister is going to watch five superhero movies. She even set up a "movie theater" in her room with cozy blankets, cute lights, and more. After enjoying our own time, we'll go for a 30-minute walk together every night.

Words   extremely 아주   by the end of ~의 끝에   skip 생략하다   hustle 번잡함   borrow 빌리다
cozy 아늑한   blanket 담요   light 조명

Comprehension Check 문제 풀기

1 글의 분위기로 가장 적절한 것을 고르세요.
내용 확인
① relaxed
② worried
③ busy
④ stressful

2 어법상 글의 ⓐ와 ⓑ에 들어갈 말로 알맞은 것을 고르세요.
어법 판단

ⓐ was | were

ⓑ was | were

3 이번 휴가 계획에 대한 설명으로 알맞지 <u>않은</u> 것을 고르세요.
내용 확인
① 나는 20권의 만화책을 빌렸다.
② 누나는 5편의 슈퍼히어로 영화를 볼 것이다.
③ 아주 바쁘게 보내려고 계획했다.
④ 매일 밤 30분씩 산책할 것이다.

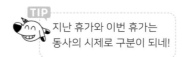
지난 휴가와 이번 휴가는 동사의 시제로 구분이 되네!

 plus

스테이케이션
스테이케이션(staycation)은 '머물다'란 뜻의 saty와 '휴가'란 뜻의 vacation의 합성어로, 멀리 떠나지 않고 집이나 집 근처에서 여유롭게 휴가를 보내는 것을 말해요.

1 우리의 지난번 휴가는 너무 바빴다.

was | Our last vacation | too busy.

_____

2 우리는 여행이 끝날 때쯤 매우 지쳤다.

We | by the end of the trip. | were extremely tired

_____

3 그래서 이번에는 우리 가족은 평소 하던 여행의 번잡함을 생략하기로 결정했다.

decided to skip | So | my family | the usual travel hustle. | this time,

_____

4 나는 이미 만화책 20권을 빌렸다.

I | 20 comic books. | already borrowed

_____

5 누나는 5편의 슈퍼히어로 영화를 볼 것이다.

is going to watch | My sister | five superhero movies.

_____

6 그녀는 심지어 그녀 방에 아늑한 담요, 귀여운 조명 등등으로 '영화관'을 만들어 놓았다.

in her room | cute lights, | with cozy blankets, | She | a "movie theater" | and more.
even set up

_____

7 우리는 각자 시간을 즐긴 후에, 매일 밤 함께 30분 동안 산책할 것이다.

a 30-minute walk | we'll | go for | After | enjoying our own time, | together every night.

_____

The Montgomery Bus Boycott

몽고메리 버스 보이콧

Grammar Check 문법 배우기

There was/were ~	'(명사가) ~있었다'라는 의미로, 명사의 수에 따라 be동사를 결정해요.

단수(하나)	복수(둘 이상)
There was + 단수 명사	There were + 복수 명사

Quiz 알맞은 단어를 고르세요.

❶ There [was | were] white passengers in the front.

❷ There [was | were] African Americans in the back.

❸ There [was | were] Rosa Parks in her seat.

---

① 백인 승객들은 앞쪽에 있었다. ② 아프리카계 미국인들은 뒤쪽에 있었다. ③ 로자 파크스는 자기 자리에 앉아 있었다.

In the 1950s, there _____ "colored" sections on buses. White passengers sat in the front while African Americans sat in the back. Rosa Parks fought against this unfair rule.

One day, a white man wanted a seat, and the driver pointed to her. She didn't stand up but stayed in her seat. This started the Montgomery Bus Boycott.

The boycott lasted for over a year, and it led to an important change.

Words   colored 유색 인종의   section 구역   passenger 승객   fight against ~에 맞서 싸우다
seat 좌석   point to ~을 가르키다   last 지속되다   lead to ~로 이어지다

1 글의 내용과 일치하지 <u>않는</u> 것을 고르세요.
내용 일치

① 1950년대에는 인종에 따라 버스 좌석이 구분되어 있었다.

② 백인들은 앞쪽 좌석에 앉을 수 있었다.

③ 로자 파크스는 백인에게 자리를 양보했다.

④ 몽고메리에서 버스 이용을 거부하는 운동이 시작되었다.

2 빈칸에 들어갈 단어로 알맞은 것을 고르세요.
어법 판단

① be   ② was   ③ were   ④ was not

3 글의 내용을 한 문장으로 요약할 때, 빈칸 (A)와 (B)에 들어갈 말로 가장 적절한 것을 고르세요.
요약 정리

Rosa Parks' __(A)__ action produced a __(B)__ victory for civil rights.

* civil rights 시민의 평등권

(A)   (B)

① brave   pointless

② brave   meaningful

③ selfish   pointless

④ selfish   meaningful

 plus

몽고메리 버스 보이콧

몽고메리 버스 보이콧(Montgomery Bus Boycott)은 흑인들이 앨라배마주 몽고메리에서 백인과 흑인의 좌석 분리에 항의하기 위해 시내 버스 탑승을 거부한 시민권 시위예요. 1955년 12월 5일부터 1956년 12월 20일까지 진행되었으며, 인종 차별에 반대하는 최초의 대규모 미국 시위로 알려져 있어요.

1 1950년대에는 버스에 '유색 인종' 구역이 있었다.

"colored" sections   there were   on buses.   In the 1950s,

_____

2 백인 승객들은 앞에 앉았고, 반면 아프리카계 미국인들은 뒤에 앉았다.

sat in the front   sat in the back.   White passengers   while   African Americans

_____

3 로자 파크스는 이 불평등한 규칙에 대항해 싸웠다.

fought against   Rosa Parks   this unfair rule.

_____

4 어느 날, 한 백인 남성이 의자에 앉기를 원했고, 버스 기사는 그녀를 지목했다.

a white man   One day,   wanted   pointed to her.   a seat,   and   the driver

_____

5 그녀는 일어서지 않았고, 그녀의 자리에 그대로 앉아 있었다.

didn't stand up   but   stayed in her seat.   She

_____

6 이것은 몽고메리 버스 보이콧을 시작하게 했다.

the Montgomery Bus Boycott.   This   started

_____

7 보이콧은 1년 넘게 지속되었고, 이것은 중요한 변화로 이어졌다.

it   an important change.   lasted for over a year,   The boycott   and   led to

_____

Notre-Dame de Paris

노트르담 대성당

Grammar Check 문법 배우기

일반동사의 과거형(규칙)	'~했다'라는 의미로, 대부분의 동사에 -(e)d를 붙여서 만들어요.

대부분의 동사 + -ed	e로 끝나는 동사 + -d	자음+y로 끝나면 y를 i로 고친 뒤, +-ed	단모음 + 단자음 동사 + 단자음 +-ed
visit → visited 방문했다	damage → damaged 다치게 했다	try → tried 시도했다	plan → planned 계획했다
attract → attracted 끌었다	live → lived 살았다	study → studied 공부했다	drop → dropped 떨어뜨렸다

단모음: 모음(a, e, i, o, u)이 1개인 것!
단자음: 자음(모음 제외)이 1개인 것!

Quiz 알맞은 단어를 고르세요.

❶ Its amazing design and history [attracts | attracted] many visitors.

❷ It [happen | happened] during repairs.

❸ About 13 million people [visits | visited] Notre-Dame every year.

① 그것의 놀라운 디자인과 역사는 많은 방문객들을 끌었다. ② 그것은 수리 작업 동안 일어났다. ③ 약 1,300만 명의 사람들이 매년 노트르담을 방문했다.

Notre-Dame de Paris is a famous cathedral in Paris, France. It is not just a church but also a symbol of French history and culture. Its amazing design and history attract many visitors. Sadly, a fire ⓐ damages | damaged the cathedral in 2019. We don't know the exact cause, but it happened during repairs. The fire ⓑ destroy | destroyed its roof and spire. Before the fire, about 13 million <u>people</u> visited Notre-Dame de Paris every year.

Words cathedral 성당   church 교회   attract 끌다   visitor 방문객   damage 훼손하다
exact 정확한   repair 수리   destroy 파괴하다   roof 지붕   spire 첨탑   million 백만

1 노트르담 대성당에 대한 설명으로 알맞지 <u>않은</u> 것을 고르세요.
내용 확인

① 프랑스 파리의 유명한 성당이다.

② 프랑스 역사와 문화의 상징이다.

③ 2019년에 화재가 일어났다.

④ 화재 후, 1,300만 명의 사람들이 매년 방문한다.

2 어법상 글의 ⓐ와 ⓑ에 들어갈 말로 알맞은 것을 고르세요.
어법 판단

ⓐ damages | damaged

ⓑ destroy | destroyed

3 밑줄 친 people과 바꿔 쓸 수 있는 말을 본문에서 찾아 쓰세요.
어휘 판단

_____

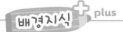 plus

노트르담 대성당

노트르담 대성당(Notre-Dame de Paris)은 프랑스를 대표하는 고딕 양식 건축물이에요. 2019년 화재 이후 무너진 첨탑과 지붕을 복원하는 데 5년이 걸렸고, 마침내 2024년 12월 8일에 대중들에게 다시 공개되었어요. 아직 지붕 일부는 공사 중이라 위쪽은 올라갈 수 없지만, 내부는 공개되어 방문할 수 있어요.

1 노트르담 대성당은 프랑스 파리에 있는 유명한 성당이다.

Notre-Dame de Paris | in Paris, France. | is a famous cathedral

_____

2 그것은 단순히 교회가 아니고 프랑스 역사와 문화의 상징이다.

but also | just a church | French history and culture. | It is not | a symbol of

_____

3 그것의 놀라운 디자인과 역사가 많은 방문객들을 끈다.

attract | Its amazing design and history | many visitors.

_____

4 슬프게도, 2019년에 화재가 성당을 손상시켰다.

Sadly, | the cathedral in 2019. | a fire damaged

_____

5 우리는 정확한 원인을 알지 못하지만, 그것은 수리 작업 동안 일어났다.

repairs. | the exact cause, | happened | We | but | it | don't know | during

_____

6 화재는 그것의 지붕과 첨탑을 파괴했다.

destroyed | The fire | its roof and spire.

_____

7 화재 전에는, 매년 약 1,300만 명의 사람들이 노트르담 대성당을 방문했다.

about 13 million people | visited | every year. | Before the fire, | Notre-Dame de Paris

_____

Friendship on the Screen

화면 속 우정

Grammar Check 문법 배우기

일반동사의 과거형(불규칙)	불규칙하게 변하는 동사의 과거형은 따로 외워야 해요.

동사원형 = 과거형	동사원형 ≒ 과거형	동사원형 ≠ 과거형
cut → cut 잘랐다 put → put 넣었다 let → let 시켰다	run → ran 달렸다 swim → swam 수영했다 see → saw 봤다	have → had 가졌다 take → took 가져갔다 eat → ate 먹었다

Quiz 알맞은 단어를 고르세요.

❶ She [taked | took] out her phone.

❷ She [see | saw] some photos.

❸ She [tried | tryed] to focus on her studies again.

---

① 그녀는 그녀의 전화를 꺼냈다. ② 그녀는 몇몇 사진들을 봤다. ③ 그녀는 다시 학업에 집중하려고 노력했다.

103

Luna ⓐ [studyed | studied] very hard and wanted to take a break. So she took out her phone and scrolled through it. But then, she saw some photos on social media and found her close friends in them. They were at Ben's birthday party. Everyone looked so happy. "Why didn't they call or text me?" Luna wondered. She ⓑ [put | puts] down her phone and tried to focus on her studies again. But it was hard.

⋮Words take a break 잠깐 쉬다   take out 꺼내다   scroll through 스크롤하며 살펴보다
close 친한   wonder 궁금하다   focus on 집중하다   studies 학업

Comprehension Check 문제 풀기

1 루나의 심경으로 가장 적절한 것을 고르세요.
심경 파악
① scared
② confident
③ proud
④ confused

2 어법상 글의 ⓐ와 ⓑ에 들어갈 말로 알맞은 것을 고르세요.
어법 판단
ⓐ studyed | studied
ⓑ put | puts

3 루나에 대한 설명으로 알맞지 <u>않은</u> 것을 고르세요.
내용 확인
① 공부하다가 잠깐 쉬었다.
② 벤의 생일 파티 사진을 봤다.
③ 벤의 생일 파티 초대 문자를 받았다.
④ 벤의 생일 파티 초대 전화를 받지 못했다.

배경지식 plus

포모증후군
포모증후군(FOMO Syndrome)은 자신만 뒤처지거나 소외되어 있는 것 같은 두려움을 가지는 증상이에요. 포모(FOMO)는 Fear Of Missing Out의 약자입니다. 포모증후군은 주로 소셜 미디어의 게시물에 의하여 유발되죠.

1 루나는 아주 열심히 공부했고 잠깐 쉬고 싶었다.

very hard | studied | to take a break. | and wanted | Luna

_____

2 그래서 그녀는 그녀의 전화를 꺼내 스크롤하며 살펴봤다.

her phone | took out | So she | and scrolled through it.

_____

3 그러나 그때, 그녀는 소셜 미디어에서 사진 몇 개를 봤고, 그 속에서 그녀의 친한 친구들을 발견했다.

she | But then, | and found | her close friends | saw some photos | on social media | in them.

_____

4 그들은 벤의 생일 파티에 있었다.

They | at Ben's birthday party. | were

_____

5 모두들 아주 행복해 보였다.

Everyone | so happy. | looked

_____

6 "왜 그들은 나에게 전화를 하거나 문자를 하지 않았지?" 루나는 궁금했다.

Luna | "Why didn't they | wondered. | call or text me?"

_____

7 그녀는 전화를 내려놓고 다시 학업에 집중하려고 애썼다. 그러나 어려웠다.

and tried | But | She | put down her phone | her studies again. | was hard. | to focus on | it

_____

Grammar & Words

1 알맞는 용어에 동그라미하고 빈칸을 채우세요.

1 be동사 (현재형 / 과거형)은 was, were, 총 2가지가 있어요.

1인칭 단수	2인칭 단수
I +	You +

3인칭 단수	복수
He/She/It +	We/You/They +

2 한 개 있으면 There (was / were), 두 개 이상 있으면 There (was / were)를 써요.

단수	복수
There ___ + 단수 명사	There ___ + 복수 명사
↳ ~이 있었다	↳ ~이 있었다

3 일반동사의 과거형은 보통 ed를 붙이는 (규칙형 / 불규칙형)과 모습이 다양한
(규칙형 / 불규칙형)이 있어요.

일반동사 과거형(규칙형)

대부분의 동사 + -ed	e로 끝나는 동사 + -d	자음+y로 끝나면 y를 i로 고친 뒤, + -ed	단모음+단자음 동사 + 단자음 + -ed
visit → ___ 방문했다	live → ___ 살았다	try → ___ 시도했다	plan → ___ 계획했다
attract → ___ 끌었다	damage → ___ 다치게 했다	study → ___ 공부했다	drop → ___ 떨어뜨렸다

일반동사 과거형(불규칙형)

동사원형 = 과거형	동사원형 ≒ 과거형	동사원형 ≠ 과거형
cut → ___ 잘랐다	run → ___ 달렸다	have → ___ 가졌다
put → ___ 넣었다	swim → ___ 수영했다	take → ___ 가져갔다
let → ___ 시켰다	see → ___ 봤다	eat → ___ 먹었다

2 문장에서 <u>틀린</u> 부분을 찾아 표시하고, 바르게 고쳐 쓰세요.

① She see some photos.

그녀는 몇 개의 사진들을 봤다.

_____

② They was at Ben's birthday party.

그들은 벤의 생일 파티에 있었다.

_____

③ Rosa Parks fighted against this unfair rule.

로자 파크스는 이 불평등한 규칙에 대항해 싸웠다.

_____

④ The boycott last for over a year.

보이콧은 1년 넘게 지속되었다.

_____

3 우리말 뜻에 알맞은 단어를 고르세요.

① 집중하다 ☐ wonder ☐ focus on ☐ borrow

② 혼란스러운 ☐ confused ☐ scared ☐ close

③ 아늑한 ☐ amazing ☐ cozy ☐ colored

④ 생략하다 ☐ skip ☐ last ☐ destroy

⑤ 방문객 ☐ passenger ☐ visitor ☐ repair

⑥ 성당 ☐ church ☐ cathedral ☐ spire

4 빈칸에 알맞은 단어를 넣어 퍼즐을 완성해 보세요.

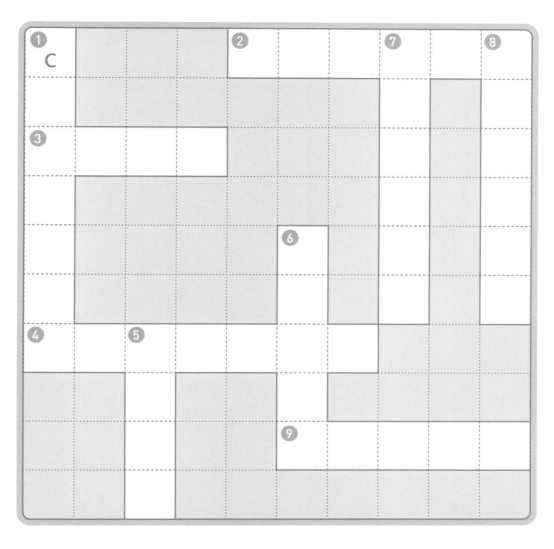

찾은 단어를
한 번 더 쓰세요!

→ Across 가로

2 빌리다 ⇒

3 지속되다 ⇒

4 파괴하다 ⇒

9 정확한 ⇒

↓ Down 세로

1 유색의 ⇒

5 생략하다 ⇒

6 친한 ⇒

7 수리 ⇒

8 궁금해하다 ⇒

memo

영문법 써먹는 리딩 ①

with grammar

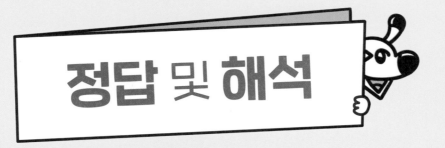

① 정답을 확인한 후 틀린 문제는 ★표를 쳐 놓으세요.
② 틀린 문제는 다시 한 번 풀어 보세요.

내가 틀린 문제를 스스로 확인하는 습관을 들이면, 아무리 바쁘더라도 공부 실력을 키울 수 있어요!

Unit 01 Pablo Picasso 11쪽

Quiz ① It ② We ③ He

Read a Story

파블로 피카소는 역사상 가장 위대한 예술가 중 한 사람이었다. 1901년에서 1904년까지, 그는 주로 파란색조로 그림을 그렸다. 그의 청색 시대 동안, 그는 그의 삶에서 힘든 시간을 보냈다. 그는 그의 슬픔과 외로움을 그의 그림들에 드러냈다. 예를 들어, 그는 가난하고, 아프거나 외로운 사람들의 그림을 그렸다. '기타 치는 노인'은 청색 시대에서 가장 유명한 작품 중 하나이다. 그것은 시카고 미술관에 전시되어 있다.

Comprehension Check

1 ② 2 ④

3 ⓐ *The Old Guitarist* ⓑ Pablo Picasso

Sentence Building

1 Pablo Picasso was one of the greatest artists in history.

2 From 1901 to 1904, he mostly painted in shades of blue.

3 During his Blue Period, he had a difficult time in his life.

4 He showed his sadness and loneliness in his paintings.

5 For example, he painted pictures of poor, sick, or lonely people.

6 *The Old Guitarist* is one of his most famous works from the Blue Period.

7 It is on display at the Art Institute of Chicago.

Unit 02 Green Minutes 15쪽

Quiz ① ⓓ ② ⓒ ③ ⓑ ④ ⓐ

Read a Story

오늘은 8월 22일이고, 지금은 저녁 9시이다. 이제, 나는 5분 동안 집 안의 모든 불을 끈다. 매년 8월 22일, 사람들은 이 캠페인에 참여한다. 너는 에너지를 아낄 수 있고, 귀여운 초를 사용해 가족과 특별한 시간을 보낼 수 있다! 너는 아늑한 분위기를 즐기며 동시에 전기의 중요성을 배울 것이다. 8월 22일이어야 할 필요는 없다. 너는 언제나 '초록(환경을 생각하는) 순간'을 시도할 수 있다!

Comprehension Check

1 ⓐ It's ⓑ it's 2 ② 3 ④

Sentence Building

1 It's August 22nd today, and it's 9 o'clock in the evening.

2 Now, I turn off all the lights in my house for five minutes.

3 Every August 22nd, people join this campaign.

4 You can save energy and have a special family time by using cute candles!

5 You'll enjoy a cozy atmosphere and learn the importance of electricity.

6 It's doesn't have to be August 22nd.

7 You can try "green minutes" any time!

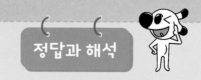

Unit 03 Ruth Wakefield's Cookies 19쪽

Quiz ❶ it ❷ them

Read a Story

루스 웨이크필드와 그녀의 남편은 매사추세츠에서 숙소를 운영했다. 그녀는 종종 그녀의 손님들을 위해 쿠키를 만들었다. 그녀는 보통 제빵용 초콜릿을 사용했는데, 그러나 어느 날 그녀는 초콜릿이 다 떨어졌다. 대신 그녀는 초콜릿 바 하나를 작은 조각들로 잘랐고, 그것들을 밀가루 반죽에 추가했다. 그러나 그 초콜릿은 녹지 않았고, 조각들은 덩어리로 남아 있었다! 그것들은 바로 최초의 초코칩 쿠키였고, 손님들은 그것들을 아주 좋아했다. 사고가 때론 달콤한 성공으로 바뀔 수 있다!

Comprehension Check

1 ③   2 ⓐ it ⓑ them   3 ③

Sentence Building

1 Ruth Wakefield and her husband ran an inn in Massachusetts.

2 She often made cookies for her guests.

3 She usually used baker's chocolate, but one day, she ran out of it.

4 Instead, she cut a chocolate bar into small pieces and added them to the dough.

5 But the chocolate didn't melt, and the pieces stayed in chunks!

6 They were the very first chocolate chip cookies, and the guests loved them so much.

7 Accidents can sometimes turn into sweet success!

Unit 04 Anne of Green Gables 23쪽

Quiz ❶ her ❷ her

Read a Story

《빨간 머리 앤》은 한 소녀에 대한 이야기인데, 그녀의 이름은 앤 셜리이다. 그녀는 밝은 빨간 머리를 가진 고아이다. 처음에, 그녀는 그녀의 빨간 머리를 창피해한다. 그러나 그녀는 후에 그녀의 특별한 머리카락을 자랑스러워하게 된다. 그녀는 공상을 많이 하고, 종종 그녀의 마음속에 온 세계를 만든다. 그리고 그녀는 아주 수다스럽고 표현력이 뛰어나다. 그녀의 말은 풍부한 감정과 유머가 있다.

Pop Quiz 5번

Comprehension Check

1 ④   2 ⓐ a girl ⓑ Anne Shirley   3 ①

Sentence Building

1 *Anne of Green Gables* is a story about a girl, and her name is Anne Shirley.

2 She is an orphan with bright red hair.

3 At first, she feels embarrassed about her red hair.

4 But she later becomes proud of her special hair.

5 She daydreams a lot and often creates entire worlds in her mind.

6 And she is very talkative and expressive.

7 Her speeches are full of emotion and humor.

1 ❶ 인칭대명사   27쪽

주격	소유격	목적격
I 나는	my 나의	me 나를
you 너는	your 너의	you 너를
he 그는 she 그녀는 it 그것은	his 그의 her 그녀는 its 그것의	him 그를 her 그녀를 it 그것을
we 우리는	our 우리의	us 우리를
you 너희들은	your 너희들의	you 너희들을
they 그(것)들은	their 그(것)들의	them 그(것)들을

❷ 비인칭

비가 오고 있어요.	It is raining.
5시예요.	It is 5 o'clock.
월요일이에요.	It is Monday.
7월 5일이에요.	It is July 5.
오늘 25도예요.	It is 25℃ today.

2

❶ The guests loved ~~their~~ so much.

→ The guests loved them so much.

❷ He showed his sadness in ~~her~~ paintings.

→ He showed his sadness in his paintings.

❸ ~~He~~ later becomes proud of her special hair.

→ She later becomes proud of her special hair.

❹ ~~I'm~~ August 22nd today.

→ It's August 22nd today.

3

❶ display   ❷ bright

❸ run out of   ❹ importance

❺ run   ❻ speech

4

가로
❶ artist
❸ create
❺ save
❻ sick
❼ lonely

세로
❶ add
❷ success
❹ famous
❽ inn

Unit 05 Role Models 31쪽

Quiz ❶ this ❷ These ❸ That

Read a Story

몇몇 어린 아이들은 그들의 롤 모델이 그들이 가장 좋아하는 스타들이라고 말한다. 나는 이것이 그들을 위해 좋은 생각이라고 생각하지 않는다. 유명인들은 종종 소셜 미디어에서 완벽한 모습들을 보여 준다. 하지만 그들의 사생활은 아주 다를 수 있다. 유명인들은 문제가 생기거나 크거나 심각한 실수들을 할 수도 있다. 이것은 그들의 어린 팬들을 혼란스럽게 할 수 있다. 그들은 그것이 잘못된 것이라고 생각하지 않고 나쁜 행동을 따라할 수 있다.

Comprehension Check

1 ③ 2 ①

3 ⓐ Some young kids say ~ their favorite stars.
몇몇 어린 아이들은 그들의 롤 모델이 그들이 가장 좋아하는 스타들이라고 말한다
ⓑ Celebrities might get ~ mistakes.
유명인들은 문제가 생기거나 크거나 심각한 실수들을 할 수 있을 수도 있다

Sentence Building

1 Some young kids say their role models are their favorite stars.

2 I don't think this is a good idea for them.

3 Celebrities often show perfect images on social media.

4 But their personal lives can be very different.

5 Celebrities might get into trouble or make big or serious mistakes.

6 This can confuse their young fans.

7 They might not think it's wrong and could copy bad behavior.

Unit 06 Learning Style 35쪽

Quiz ❶ One, another, the other
❷ One, the other

Read a Story

어떤 사람의 학습 방법은 다른 사람에게는 맞지 않을지도 모른다. 한 가족에 3명의 형제자매가 있다고 하자. 한 명은 도표 또는 다이어그램을 선호한다. 그는 마인드맵을 만들고 영상을 보는 것을 좋아한다. 또 다른 한 명은 토론을 통해 더 잘 배운다. 그녀는 때때로 강의와 팟캐스트를 듣는다. 마지막 한 명은 움직임을 통해 가장 잘 배운다. 그녀는 실험과 역할 놀이를 즐긴다. 그러나 아무도 오직 한 방법만 고수하지는 않는다. 종종, 학습자들은 더 나은 결과를 위해 다양한 방법을 합친다.

Comprehension Check

1 ① 2 ⓐ Another ⓑ The other 3 ②

Sentence Building

1 One person's learning style may not work for another.

2 Let's say there are three siblings in one family.

3 One prefers charts or diagrams. He likes to create mind maps and watch videos.

4 Another learns better through discussions. She sometimes listens to lectures and podcasts.

5 The other learns best through movement. She enjoys experiments and role-playing.

6 But no one sticks to only one style.

7 Often, learners combine different methods for better results.

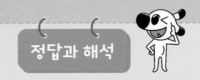
Unit 07 Cyberbullying

39쪽

Quiz ① Some, others
② Some, others, the others

Read a Story

어떤 학생들은 다른 사람들에게 못된 말을 하고 그들에게 상처를 준다. 그것은 괴롭힘이다. 그것은 온라인에서도 일어나는데, 그것은 사이버 폭력이다. 몇몇 학생들은 문자, 소셜 미디어, 심지어 동영상으로 다른 사람들에게 상처를 준다. 거짓말이나 루머를 온라인 상에 퍼뜨리는 것은 사이버 폭력의 한 예이다. 또 다른 예는 누군가의 사진이나 동영상을 게시하고 그 사람을 조롱하는 것이다. 네가 어떤 것을 게시하기 전에 신중하게 생각해라!

Comprehension Check

1 ⓐ Some ⓑ others 2 ②
3 online, videos

Sentence Building

1 Some students say mean things to others and hurt them.
2 It's bullying.
3 It also happens online, and it's cyberbullying.
4 Some students hurt others through texts, social media, and even videos.
5 Spreading lies or rumors online is one example of cyberbullying.
6 Another example is posting pictures or videos of someone and making fun of that person.
7 Think carefully before you post something!

Unit 08 Black Sheep

43쪽

Quiz ① yourself ② myself ③ himself

Read a Story

우리 가족은 가족 문제를 함께 의논하고 결정한다. 지난 금요일에는 주제가 우리의 겨울 휴가 계획이었다. 우리는 스키 리조트와 글램핑 중에 골라야 했다. 모두 투표를 했고 그들의 제안들을 적어 냈다. 한 메모에는 "둘 다 지루해. 나는 집에서 혼자서 즐거운 시간을 보낼 수 있어. 나는 내 자신을 돌볼 수 있어."라고 쓰여 있었다. 그것은 분명했다. 그것은 내 남동생의 것이었다. 그는 최근 우리 가족의 '말썽꾼'이다.

Comprehension Check

1 ② 2 ⓐ myself ⓑ myself 3 ④

Sentence Building

1 My family talks about family matters together and makes decisions.
2 Last Friday, the topic was our winter vacation plans.
3 We had to choose between a ski resort and glamping.
4 Everyone voted and wrote down their suggestions.
5 One note said, "Both are boring. I can enjoy myself at home."
6 "I can take care of myself."
7 It was obvious. It was my younger brother's. He is the "black sheep" of our family lately.

Review Unit 05~08

1

① 지시대명사 47쪽

단수(하나)	복수(둘 이상)
this 이것, 이 사람	these 이것들, 이 사람들
that 저것, 저 사람	those 저것들, 저 사람들

② 부정대명사

one 하나는		the other 다른 하나는
one 하나는	another 또 다른 하나는	the other 마지막 남은 하나는
some 몇몇		others 다른 몇몇
some 몇몇	others 다른 몇몇	the others 나머지 모두

③ 재귀대명사

단수(하나)	복수(둘 이상)
myself 나 자신을	ourselves 우리 자신을
yourself 너 자신을	yourselves 너희들 자신을
himself 그 자신을 herself 그녀 자신을 itself 그것 자체를	themselves 그들 자신을

2

① I don't think ~~these~~ is a good idea for them.

→ I don't think this is a good idea for them.

② Some students say mean things to ~~another~~.

→ Some students say mean things to others.

③ ~~One~~ can confuse their young fans.

→ This can confuse their young fans.

④ One person's learning style may not work for ~~another~~.

→ One person's learning style may not work for others.

3

① spread	② mistake
③ happen	④ work
⑤ prefer	⑥ make fun of

4

	c	e	l	e	b	r	i	t	y	
	o		i		e					
	p		e		h					
	y				a			p		
					v	o	t	e		
					i			r		
					o			f		
			h	u	r	t		e		
								c		
				b	e	t	t	e	r	

가로
- ① celebrity
- ④ vote
- ⑤ hurt
- ⑦ better

세로
- ① copy
- ② lie
- ③ behavior
- ⑥ perfect

Unit 09 The Taegeukgi — 51쪽

@uiz ① The Taegeukgi, Korea
② Anne Shirley ③ Ava Smith

Read a Story

태극기는 한국의 국기이다. 너는 깃발의 네 개의 모서리에 무엇이 보이니? 이 검은색 기호들은 건-곤-감-리이다. 왼쪽 상단 모서리는 '건'이고, 이것은 하늘을 의미한다. 오른쪽 하단 모서리는 '곤'이고, 이것은 땅을 나타낸다. '감'은 물을 의미하고, 이것은 오른쪽 상단 모서리에 있다. 너는 깃발의 왼쪽 하단 모서리에 '리'가 보일 것이다. 이것은 불의 상징이다.

Comprehension Check

1 ④   2 ④

3 sky, right, top, water, fire

Sentence Building

1 The Taegeukgi is the national flag of Korea.

2 What do you see in the four corners of the flag?

3 These black symbols are *geon-gon-gam-ri*.

4 The top left corner is *geon*, and it means sky.

5 The bottom right corner is *gon*, and it represents the ground.

6 *Gam* means water, and it is in the top right corner.

7 You'll see *ri* in the bottom left corner of the flag. It is a symbol of fire.

Unit 10 Book Club — 55쪽

@uiz ① an article ② a girl ③ an old pen

Read a Story

존스 씨에게, 제 이름은 아바 스미스입니다. 저는 11살짜리 딸이 있습니다. 어제, 저는 아이들을 위한 당신의 독서 모임에 대한 기사를 읽었습니다. 제 아이는 요즘 책에 아주 관심이 많습니다. 저는 당신의 모임에 그녀를 등록시키고 싶습니다. 제 딸을 위해 자리가 있을까요? 만약 그렇다면, 저에게 알려주세요. 당신의 답변을 기다리겠습니다. 진심을 담아서, 아바 스미스 드림.

Comprehension Check

1 ①   2 ⓐ an ⓑ a spot   3 ④

Sentence Building

1 Dear Mr. Jones, My name is Ava Smith.

2 I have an eleven-year-old daughter.

3 Yesterday, I read an article about your book club for kids.

4 My child is very interested in books these days.

5 I would like to register her for your club.

6 Is there a spot for my daughter? If so, please let me know.

7 I look forward to your reply. Sincerely, Ava Smith

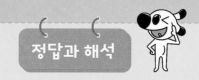

Unit 11 Roots 59쪽

Quiz ❶ Roots ❷ sweet potatoes
❸ branches

Read a Story

뿌리는 식물을 단단히 잡아 주어 그것은 땅에서 강하게 유지될 수 있다. 그들은 또한 땅에서 물과 영양분을 흡수하고, 식물이 잘 자라게 돕는다. 뿌리는 많은 다양한 모양으로 있다. 몇몇은 수염처럼 생겼고, 몇몇은 나뭇가지처럼 생겼다. 너는 고구마를 좋아하니? 그들은 뿌리이고, 우리는 그 뿌리를 먹는다. (고구마와 달리, 감자는 사실 줄기이다.) 고구마는 뿌리에 많은 영양분을 저장해서 그들은 더 두꺼워진다.

Comprehension Check

1 ③　　2 ③　　3 their roots(=sweet potatoes)

Sentence Building

1 Roots hold a plant tight so it can stay strong in the soil.
2 They also take water and nutrients from the soil, and they help the plant grow well.
3 Roots come in many different shapes.
4 Some look like whiskers, and some look like branches.
5 Do you like sweet potatoes?
6 They are roots, and we eat the roots.
7 Sweet potatoes store a lot of nutrients in their roots, so they get thicker.

Unit 12 Sugary Drinks 63쪽

Quiz ❶ bread ❷ tea ❸ sugary drinks

Read a Story

많은 사람들은 콜라나 주스 같은 설탕이 많이 든 음료를 좋아한다. 그러나 그것들은 건강 문제를 일으킬 수 있다. 우리는 이가 아플 수도 있고, 살이 너무 많이 찔수도 있다. 더 심각하게 우리는 당뇨 같은 병에 걸릴수 있다. 나는 정부가 설탕이 많이 든 음료에 세금을 부과해야 한다고 생각한다. 그러면, 이 음료들은 더 비싸질 것이다. 사람들은 그것들 대신에 물이나 우유 같은 더 저렴하고 더 건강한 선택지를 고를지도 모른다.

Comprehension Check

1 ④　　2 ⓐ Coke or juice　ⓑ water or milk
3 sugary drinks

Sentence Building

1 Many people like sugary drinks, like Coke or juice.
2 But they can cause health issues.
3 We can have toothaches and gain too much weight.
4 More seriously, we can have diseases like diabetes.
5 I think the government should put a tax on sugary drinks.
6 Then, these drinks will become more expensive.
7 People might choose cheaper and healthier options like water or milk.

Review Unit 09~12

1 ❶ 고유명사
67쪽

고유명사		
사람	나라	도시
Jane 제인 Tom 톰	Korea 한국 China 중국	Seoul 서울 London 런던
월	요일	
January 1월 April 4월	Monday 월요일 Sunday 일요일	

❷ 단수, 복수

단수 명사 (하나)	복수 명사 (둘 이상)
a cat 고양이 한 마리 an egg 계란 한 알	cats 고양이들 eggs 계란들
a bus 버스 한 대 a bench 벤치 한 개 a dish 접시 한 개 a box 박스 한 개 a hero 영웅 한 명	buses 버스들 benches 벤치들 dishes 접시들 boxes 박스들 heroes 영웅들
a child 한 아이 a tooth 치아 한 개 a man / a woman 한 남자/한 여자	children 아이들 teeth 치아들 men / women 남자들/여자들

❸ 셀 수 없는 명사

물질명사	
액체	고체
water 물 juice 주스	bread 빵 soap 비누
기체	가루/알갱이
smoke 연기 oxygen 산소	flour 밀가루 salt 소금

2
❶ My ~~children~~ is very interested in books these days.
→ My child is very interested in books these days.

❷ We have toothaches and gain too much ~~weights~~.
→ We have toothaches and gain too much weight.

❸ They take ~~waters~~ and nutrients from the soil.
→ They take water and nutrients from the soil.

❹ The Taegeukgi is the national flag of ~~korea~~.
→ The Taegeukgi is the national flag of Korea.

3
❶ hold　　❷ government
❸ article　　❹ weight
❺ expensive　　❻ represent

4

r	e	g	i	s	t	e	r		
				y					
	s	t	e	m					
	a			b				t	
	x			o				h	
	l			s	o	i	l	
f								c	
l								k	
a								e	
g	r	o	u	n	d			r	

가로 ❶ register　❸ stem　❻ soil　❽ ground
세로 ❷ symbol　❹ tax　❺ thicker　❼ flag

Unit 13 Words with "-logy" 71쪽

Quiz ① is ② is ③ are

Read a Story

'-logy'가 들어간 단어들은 어떤 것에 대한 학문을 의미한다. 예를 들면, 동물학은 동물들, 그들의 행동, 그들의 무리 등등에 대한 학문이다. 신화학은 신화, 전통적인 이야기, 그리고 전설에 관한 학문이다. (그리스 로마 신화는 독자들에게 특히 인기가 많다.) 심리학은 마음, 행동, 그리고 정신적 과정에 대한 학문이다. 그럼 사회학은 어떨까? 그것은 우리 사회, 사회적 행동들, 그리고 관계들에 관한 학문이다.

Comprehension Check

1 ②   2 ②   3 sociology

Sentence Building

1 Words with "-logy" mean the study of something.

2 For example, zoology is the study of animals, their behavior, their families, and more.

3 Mythology is the study of myths, traditional stories, and legends.

4 Greek and Roman myths are especially popular with readers.

5 Psychology is the study of the mind, behavior, and mental processes.

6 How about sociology?

7 It is the study of our society, social behaviors, and relationships.

Unit 14 A Lie Has No Legs 75쪽

Quiz ① is ② are ③ is

Read a Story

너는 네 친구들에게 때때로 거짓말을 하니? 거짓말은 사람들의 감정을 상하게 하고 우정을 깨뜨릴 수 있다. "거짓말은 다리가 없다"라는 속담이 있다. 다리가 없는 어떤 것을 상상해 봐. 그것은 움직이거나 어디에도 가지 못한다. 이 속담은 거짓말은 오래 가지 않는다는 것을 의미한다. 사람들은 머지않아 진실을 알게 될 것이다. 그래서 우리는 항상 정직해야 하고, 처음부터 진실을 말해야 한다.

Comprehension Check

1 ④   2 ⓐ is ⓑ This   3 ②

Sentence Building

1 Do you sometimes lie to your friends?

2 Lies can hurt people's feelings and break friendships.

3 There is a saying "A lie has no legs."

4 Imagine something with no legs. It can't move or go anywhere.

5 This proverb means that lies don't last long.

6 People will find out the truth soon enough.

7 So we should always be honest and tell the truth from the start.

 15 Voluntourim　　79쪽

 ① volunteers　② help　③ enjoys

Read a Story

우리는 여행을 가서, 새로운 장소들을 보고, 즐거운 시간을 보내고, 그리고 휴식을 취한다. 그러나 자원봉사 여행에서는, 우리는 한 가지를 더 한다. 우리는 다른 사람들을 돕는다. 자원봉사 여행은 '자원봉사하다'와 '관광'의 합성어이다. 너의 가족이 해변에서 휴가 중이라고 상상해 봐라. 단지 모래에서 놀고 수영하는 대신에, 너희 가족은 쓰레기를 줍는다. 그것은 자원봉사 여행의 한 예이다. 자원봉사 여행은 너에게 의미 있는 여행 경험을 줄 것이다!

Comprehension Check

1 ④　2 ④　3 ④

Sentence Building

1 We go on a trip, see new places, have fun, and relax.

2 But with voluntourim, we do one more thing: We help others.

3 Voluntourism is a mix of two words: volunteer and tourism.

4 Imagine your family is on vacation at the beach.

5 Instead of just playing in the sand and swimming, your family collects trash.

6 That's one example of voluntourism.

7 Voluntourism will give you a meaningful travel experience!

Unit 16 Unique Families　　83쪽

 ① has　② goes　③ does, helps

Read a Story

아론은 그의 아빠와 함께 산다. 소민이는 남동생이 있지만, 그들의 아빠는 다르다. 해준이는 한국인이지만, 그의 엄마는 베트남에서 오셨다. 엠마의 부모님은 그녀를 10년 전에 입양했다. 가족들은 서로 아주 다르게 보일 수 있다. 그래서 꼭 기억해라. 모든 아이가 엄마와 아빠 둘 다 있는 것은 아니다. 모든 가족은 그 나름대로 특별하다.

Comprehension Check

1 ②　2 ⓐ lives　ⓑ has　3 ③

Sentence Building

1 Aaron lives with his dad.

2 Somin has a younger brother, but their fathers are different.

3 Haejun is Korean, but his mom is from Vietnam.

4 Emma's parents adopted her ten years ago.

5 Families can look very different from one another.

6 So please remember: Not every child has both a mom and a dad.

7 Every family is unique in its own way.

1 ① be동사 87쪽

단수 주어	be동사	줄임말
I	am	I'm
You	are	You're
He		He's
She	is	She's
It		It's

복수 주어	be동사	줄임말
We		We're
You	are	You're
They		They're

② is, are

단수
There is ⊕ 단수 명사
↳ ~이 있다

복수
There are ⊕ 복수 명사
↳ ~이 있다

③ 3인칭 단수

3인칭 단수(he, she, it 등) 주어	
likes 좋아한다	lives 산다
comes 온다	buys 산다
plays 논다	enjoys 즐긴다
watches 본다	finishes 끝낸다
fixes 고친다	does 한다
passes 통과한다	
studies 공부한다	tries 노력한다
has 가진다	

2

① Every family ~~are~~ unique in its own way.

→ Every family is unique in its own way.

② Words with "-logy" ~~means~~ the study of something.

→ Words with "-logy" mean the study of something.

③ We go on a trip, see new places, ~~has~~ fun, and relax.

→ We go on a trip, see new places, have fun, and relax.

④ Greek and Roman myths ~~is~~ especially popular with readers.

→ Greek and Roman myths are especially popular with readers.

3

① one another　② family
③ relationship　④ imagine
⑤ lie　⑥ traditional

4

가로　① volunteer　⑤ adopt　⑥ break　⑧ proverb
세로　② legend　③ remember　④ myth　⑦ ago

Unit 17 Vacation Plans 91쪽

Quiz ① was ② was ③ were

Read a Story

우리의 지난번 휴가는 너무 바빴다. 우리는 여행이 끝날 때쯤 매우 지쳤다. 그래서 이번에는 우리 가족은 평소 하던 여행의 번잡함을 생략하기로 결정했다. 나는 이미 만화책 20권을 빌렸다. 누나는 5편의 슈퍼히어로 영화를 볼 것이다. 그녀는 심지어 그녀 방에 아늑한 담요, 귀여운 조명 등등으로 '영화관'을 만들어 놓았다. 우리는 각자 시간을 즐긴 후에, 매일 밤 함께 30분 동안 산책할 것이다.

Comprehension Check

1 ① 2 ⓐ was ⓑ were 3 ③

Sentence Building

1 Our last vacation was too busy.

2 We were extremely tired by the end of the trip.

3 So this time, my family decided to skip the usual travel hustle.

4 I already borrowed 20 comic books.

5 My sister is going to watch five superhero movies.

6 She even set up a "movie theater" in her room with cozy blankets, cute lights, and more.

7 After enjoying our own time, we'll go for a 30-minute walk together every night.

Unit 18 The Montgomery Bus Boycott 95쪽

Quiz ① were ② were ③ was

Read a Story

1950년대에는 버스에 '유색 인종' 구역이 있다. 백인 승객들은 앞에 앉았고, 반면 아프리카계 미국인들은 뒤에 앉았다. 로자 파크스은 이 불평등한 규칙에 대항해 싸웠다. 어느 날, 한 백인 남성이 의자에 앉기를 원했고, 버스 기사는 그녀를 지목했다. 그녀는 일어서지 않았고, 그녀의 자리에 그대로 앉아 있었다. 이것은 몽고메리 버스 보이콧을 시작하게 했다. 보이콧은 1년 넘게 지속되었고, 이것은 중요한 변화로 이어졌다.

Comprehension Check

1 ③ 2 ③ 3 ②

Sentence Building

1 In the 1950s, there were "colored" sections on buses.

2 White passengers sat in the front while African Americans sat in the back.

3 Rosa Parks fought against this unfair rule.

4 One day, a white man wanted a seat, and the driver pointed to her.

5 She didn't stand up but stayed in her seat.

6 This started the Montgomery Bus Boycott.

7 The boycott lasted for over a year, and it led to an important change.

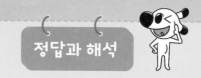

Unit 19 Notre-Dame de Paris 99쪽

Quiz ① attracted ② happened ③ visited

Read a Story

노트르담 대성당은 프랑스 파리에 있는 유명한 성당이다. 그것은 단순히 교회가 아니고 프랑스 역사와 문화의 상징이다. 그것의 놀라운 디자인과 역사가 많은 방문객들을 끈다. 슬프게도, 2019년에 화재가 성당을 손상시켰다. 우리는 정확한 원인을 알지 못하지만, 그것은 수리 작업 동안 일어났다. 화재는 그것의 지붕과 첨탑을 파괴했다. 화재 전에는, 매년 약 1,300만 명의 사람들이 노트르담 대성당을 방문했다.

Comprehension Check

1 ④   2 ⓐ damaged ⓑ destroyed

3 visitors

Sentence Building

1 Notre-Dame de Paris is a famous cathedral in Paris, France.

2 It is not just a church but also a symbol of French history and culture.

3 Its amazing design and history attract many visitors.

4 Sadly, a fire damaged the cathedral in 2019.

5 We don't know the exact cause, but it happened during repairs.

6 The fire destroyed its roof and spire.

7 Before the fire, about 13 million people visited Notre-Dame de Paris every year.

Unit 20 Friendship on the Screen 103쪽

Quiz ① took ② saw ③ tried

Read a Story

루나는 아주 열심히 공부했고 잠깐 쉬고 싶었다. 그래서 그녀는 그녀의 전화를 꺼내 스크롤하며 살펴봤다. 그러나 그때, 그녀는 소셜 미디어에서 사진 몇 개를 봤고, 그 속에서 그녀의 친한 친구들을 발견했다. 그들은 벤의 생일 파티에 있었다. 모두들 아주 행복해 보였다. "왜 그들은 나에게 전화를 하거나 문자를 하지 않았지?" 루나는 궁금했다. 그녀는 전화를 내려놓고 다시 학업에 집중하려고 애썼다. 그러나 어려웠다.

Comprehension Check

1 ④   2 ⓐ studied ⓑ put   3 ③

Sentence Building

1 Luna studied very hard and wanted to take a break.

2 So she took out her phone and scrolled through it.

3 But then, she saw some photos on social media and found her close friends in them.

4 They were at Ben's birthday party.

5 Everyone looked so happy.

6 "Why didn't they call or text me?" Luna wondered.

7 She put down her phone and tried to focus on her studies again. But it was hard.

1 ❶ 과거형　　　　　　　　　107쪽

1인칭 단수	2인칭 단수
I ⊕ was	You ⊕ were

3인칭 단수	복수
He/She/It ⊕ was	We/You/They ⊕ were

❷ was, were

단수
There was ⊕ 단수 명사
↳ ~이 있었다

복수
There were ⊕ 복수 명사
↳ ~이 있었다

❸ 규칙형, 불규칙형

일반동사 과거형(규칙형)	
대부분의 동사 + -ed	e로 끝나는 동사 + -d
visit →visited 방문했다	live →lived 살았다
attract → attracted 끌었다	damage → damaged 다치게 했다
자음+y로 끝나면 y를 i로 고친 뒤, +-ed	단모음+단자음 동사 +단자음+-ed
try → tried 시도했다	plan → planned 계획했다
study → studied 공부했다	drop →dropped 떨어뜨렸다

일반동사 과거형(불규칙형)	
동사원형 = 과거형	동사원형 ≒ 과거형
cut → cut 잘랐다 put → put 넣었다 let → let 시켰다	run → ran 달렸다 swim → swam 수영했다 see → saw 봤다
동사원형 ≠ 과거형	
have → had 가졌다 take → took 가져갔다 eat → ate 먹었다	

2
❶ She s̶e̶e̶ some photos.
→ She saw some photos.

❷ They w̶a̶s̶ at Ben's birthday party.
→ They were at Ben's birthday party.

❸ Rosa Parks f̶i̶g̶h̶t̶e̶d̶ against this unfair rule.
→ Rosa Parks fought against this unfair rule.

❹ The boycott l̶a̶s̶t̶ for over a year.
→ The boycott lasted for over a year.

3
❶ focus on　　❷ confused
❸ cozy　　　　❹ skip
❺ visitor　　　❻ cathedral

4

❶c				❷b	o	r	❼r	o	❽w
o							e		o
❸l	a	s	t				p		n
o							a		d
r					❻c		i		e
e					l		r		r
❹d	e	❺s	t	r	o	y			
		k			s				
		i			❾e	x	a	c	t
		p							

가로 ❷ borrow ❸ last ❹ destroy ❾ exact

세로 ❶ colored ❺ skip ❻ close ❼ repair ❽ wonder

바빠 영어 시제 특강 5·6학년용

단순, 진행, 현재완료까지 초등 영문법 시제 총정리

바빠 영어 시제 특강 - 5·6학년용 | 15,000원

★ ★ ★
중학 영어까지 뚫리는 영어 시제

단순, 진행, 현재완료까지
초등 영문법
시제 총정리

+

특별 부록 | 불규칙동사의
3단 변화 쓰기 노트

시제 개념 이해하기

빈칸을 채우며 시제 외우기

동사 비교로 시제 감각 깨우기

우리말에 맞게 시제 완성하기

🐾 시제 때문에 다시 처음부터 문법을 하기 애매했는데, 정말 딱입니다! – 학부모의 찬사

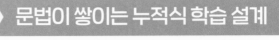

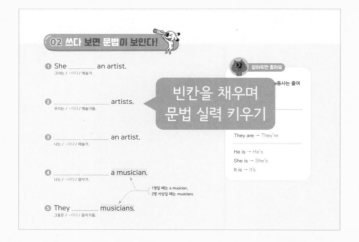